자기확신

자기확신

허용회 지음

타인의 말에
쉽게 흔들리는 이를 위한
자기대화 심리학

미래의창

프롤로그

"인생은 기분관리야."
"미래에 더 큰 행복이 찾아올 거라는 의미잖아, 완전 럭키비키잖아."
"나도 부족하지만 남도 별거 아니다."
"괜찮아, 다 나보다 못 해."
"잘한다 잘한다 하니까, 진짜 잘하는 줄 알고 그렇게 잘할 수 있었다."

이 말들을 가만히 들여다보면 공통점이 있다. 일상에서 혹은 위기나 기회의 순간에 자신의 마음과 태도를 다잡는 자기확신의 한 마디라는 점이다. 6인조 걸그룹 아이브IVE의 멤버 장원영 씨가 방송에서 보여준 긍정적 사고인 '원영적 사고'가 처음 등장했을 때만 해도 반짝 유행하는가 싶더니, 이후 올림픽 스타들이 경기 중 멘탈을 다스리고 집중하기 위해 읊조리는 말, 유명 인사들의 울림 있는 발언들이 이어지면서 눈길을 끌었다.

자기확신의 한 마디는 사실 그 역사가 오래됐다. 많은 사람들이 한 번쯤은 들어봤을 철학자 니체의 문장이 그렇다. "나를 죽이지 못하는 고통은 나를 더욱 강하게 만든다"라는 이 표현은 고난 속에서 흔들리는 인간에게 내면의 힘을 일깨워주는 대표적인 자기확신의 철학이다. 필자 역시 군 시절 훈련소에서 이 말을 자주 떠올렸고, 이후 삶에서 위기를 마주하거나 흔들린다고 느낄 때면 일부러 생각하지 않아도 자연스럽게 이 말이 떠올랐다.

철학자만의 이야기가 아니다. 조금만 과거로 거

슬러 올라가면 정치가 에이브러햄 링컨의 한 마디를 만날 수 있다. "국민의, 국민에 의한, 국민을 위한 정부는 지구상에서 사라지지 않을 것입니다Government of the people, by the people, for the people shall not perish from the earth"라는 케티스버그 연설의 명구는 민주주의와 평등을 향한 그의 확신을 압축적으로 보여준다. 수많은 낙선과 실패에도 흔들리지 않고 자신의 길을 걸어간 링컨의 일생 자체가 자기확신의 역사인 셈이다.

좀 더 대중적인 한 마디도 있다. 애플의 전 CEO 스티브 잡스가 남긴 "진짜 아티스트는 배를 띄운다 Real artists ship"라는 말은, 진짜 아티스트라면 아이디어를 고민만 하는 것이 아니라 반드시 세상에 내놓아 사용자나 대중이 접할 수 있도록 해야 한다는 의미를 담고 있다. 잡스의 이 한 마디는 완벽한 계획 못지않게 실행을 중시하는 사고를 보여주며, 지금도 기업 현장과 교육에서 '완벽보다 실행'이라는 교훈으로 회자된다. 복잡한 상태로 망설이는 것보다 자신이 옳다고 믿는 선택을 밀어붙이는 힘, 이것 또한 자기확신의 한 형태이다.

여기서 한 가지 짚어볼 의문이 있다. 수많은 자기확신 중에 어떤 것은 전 세계 사람들의 마음을 울리고, 또 어떤 것은 특별하지 않아도 나만의 마음은 크게 울리기도 한다. 이 차이점은 어디에서 오는 것일까? 이 책은 그 비밀을 '서사 정체성Narrative Identity'에서 찾았다. 미국의 심리학자 댄 맥아담스Dan P. McAdams에 따르면, 사람은 단순히 성격 특질이나 목표만으로 설명되지 않고 자신만의 '삶의 이야기'를 만들면서 정체성을 형성한다. 여기서 '이야기'는 단순히 과거 회상이 아니라, 삶의 사건들에 의미를 부여하고 그 의미를 현재와 미래의 자기 개념에 연결하는 과정이다. 다른 이가 말한 자기확신의 한 마디가 나 자신에게 울림을 주었다면, 자신의 '서사 정체성'과 연결되어 있을 가능성이 높다. 특별한 이유 없이 와닿은 한 마디를 곰곰이 들여다보고 생각해보면 자신만의 서사 정체성이 보인다는 의미이기도 하다.

이 책은 독자 자신이 서사 정체성을 들여다보고 한 마디로 정리하는 자기확신의 과정을 안내한다. 서사 정체성이 일종의 이야기라는 점에서 자신의 삶을 오래 들여다보고 그 이면을 살피고 의미를 찾아 하나의 자아로 통합하는 과정은, 빠르지도 쉽지도 않을 것이다. 때로는 기억하고 싶지 않은 과거의 자신을 마주해야 할 것이고, 과거와 현재를 기반으로 할 때 미래가 막막해 보이기도 할 것이다. 그럼에도 서사 정체성을 구축했을 때, 자기확신의 한 마디로 정제했을 때 나타나는 효과는 막대하다.

공허하고 막막한 삶에서 벗어나 비로소 자신만의 인생이 시작되는 감각을 느낄 수 있을 것이다. 단순히 감각을 느끼는 것을 넘어서 행동의 변화로도 이어질 것이다. 앞서 보았듯 니체, 링컨, 스티브 잡스의 자기확신이 한 개인의 삶뿐만 아니라 조직과 사회의 변화를 이끄는 행동으로 이어졌다는 점에서 확인할 수 있다. 자기확신은 단순한 언어가 아니라 현실을 움직이는 동력이라는 사실 말이다.

거창하게 이야기했지만 이 책을 활용하는 법은 간단하다. 처음부터 차례차례 읽으며 탄탄한 자기확신의 한 문장을 만들어도 좋고, 체크리스트로 표시된 질문들에 답하며 대략적인 방향부터 잡아도 된다. 혹은 중간중간 등장하는 현인賢人들의 자기확신 한 마디에서 시작할 수도 있다. 마음을 붙잡는 문장이 있다면, 그것이 자신에게 어떤 의미인지, 자기확신을 만드는 과정 중 어느 단계에 해당하는지 확인해보라. 그것만으로도 출발점이 달라진다.

한 가지 당부하고 싶은 것은 마음에 드는 문장이 있다고, 거기서 멈춰서는 안 된다는 점이다. 타인의 문장에서 시작했더라도, 반드시 자기확신의 과정을 거쳐야 한다. 그렇게 탄생한 자기확신이 다른 사람의 것과 크게 다르지 않을 수도 있다. 하지만 그 과정을 거치고 나면 알게 된다. 세상의 수많은 말 중 어떤 말에 진짜 힘이 있고, 어떤 말은 공허한지 말이다.

개인적으로는 어떤 유혹에도 흔들리지 않는다는 나이인 불혹不惑, 마흔을 앞두고 이 책을 쓰게 되어 다행이라고 생각한다. 지나온 삶의 어느 때고 중요하지 않은 때가 없었던 것 같은데, 마흔을 앞두니 새삼 다르다고 느낀다. 심리 대학원 석사 과정을 마치고 강의를 하러 다닐 때도 삶의 우여곡절은 있었지만, 결혼하고 아이를 안아 들어보니 삶의 모양이 바뀌었다. 한때 가장 중요했던 사건이 과거로 물러나고, 끈질기게 따라붙으며 마음속을 어지럽히던 일이 떠나갔다. 그리고 새로운 시작을 앞두고 있다.

학업, 구직, 결혼, 출산, 자녀 양육, 커리어 정점기, 은퇴로 이어지던 라이프스테이지가 그 시기도, 성격도 다변화되었다. 전통적 라이프스테이지에서 중년의 입구이자 정착기였던 마흔도 이제는 그 성격을 떠나 각자 다른 방향으로 삶을 전환하는 시기로 변모했다. 누군가는 여전히 커리어를 확장하거나 전혀 다른 커리어로 전환하거나, 누군가는 뒤늦게 학업이나 새로운 도전을 시작하며, 가족과 자기 삶의 균형을 다시 설계하는 분기점으로 삼기도 한다. 마흔이라는 자리에 어떤 숫자를 넣어도 이상하지 않는 시대다.

이 사실을 머리로는 알지만 막상 현실을 살다 보면 마음은 그렇지 않다. 부모에게서 독립해 어디서든 일인분은 해내야 할 것 같고, 사회에서는 더 이상 '미래 인재'가 아니라 '조직의 버팀목'이라 불리다가도 회사 밖의 자신을 준비하라는 말에 돌연 불안해진다. 부모님이나 자신의 건강검진 결과지를 받아들고 건강하면 됐다 싶으면서도, 앞으로의 시간은 어떻게 채워야 할지 막막해지기도 한다. 지금껏 많은 이들이 그렇게 살아왔듯 '그들처럼 살아도 되지 않을까' 하면서도, 격변의 시대에 이대로 멈추면 나라는 사람이 사라질 것 같은 불안이 고개를 든다. '요즘 이 나이대는 예전처럼 그러면 안 된다더라'는 새로운 압박감도 더해진다.

이런 혼란을 예견이라도 한 듯 니체는 말했다. "나는 나의 길을 간다. 당신의 길은 어딘가 다르겠지." 비교에서 벗어나 자기 리듬을 회복하라는 뜻이다. 각자의 인생은 저마다의 속도와 무늬로 완성된다. 자기 확신이란 자기 삶의 매 순간 그 무늬를 있는 그대로 인정하고, 그 위에 또 한 걸음을 내딛는 용기다.

이 책을 펼친 당신도 지금, 삶의 어느 시점을 지나고 있을 것이다. 60살이나 70살에도 우리는 변화를 겪을 것이다. 그 주기도 10년이 아니라 5년, 3년으로 짧아지고 더 예측할 수 없을지도 모른다. 마흔이 더 이상 중년의 입구가 아니라 또 다른 삶을 여는 '두 번째 스무 살'이라 불리듯, 나이를 떠나 누구에게나 변곡점은 찾아온다. '세 번째 스무 살'이든 '두 번째 서른 살'이든, 혹은 '첫 번째 예순 살'이든 변화 앞에서 마음이 흔들리는 순간은 닮아 있다. 그럴 때마다 이 책이 도움이 되길 바란다. 자기확신은 불확실한 세상에서 방향을 잃지 않게 하는 가장 단단한 기술이자, 다시 시작할 수 있다는 믿음의 다른 이름이 되어줄 것이다.

차례

프롤로그 4

1장. 시작_
내 삶을 다시 쓰는 힘, 자기확신

내가 나를 선언할 때 삶이 달라진다 19
브이로그, 인생극장… 내 삶도 의미 있는 이야기다 29
반복되는 일상에서 의미를 만드는 맥락효과 38
'나답게 살고 싶다'는 다짐보다 확신으로 44

2장. 전환_
확신의 토대를 세우는 마음의 기술

불안하거나 결정을 미루고 있을 때, 회복탄력성 59
일희일비하며 감정에 휘둘릴 때, 정서 관리 68
많은 선택지 앞에서 지쳐 있을 때, 결정 피로 관리 78
'사람은 변하지 않는 걸까' 의문이 들 때, 마인드셋 87
써야 기억되고, 보여야 믿게 된다 97

3장. 집중_
흩어진 마음을 한 줄로, 자기확신 쓰는 법

1단계. 해석하라, 기록에서 단서를 찾는 관점 3   107

2단계. 드러내라, 공백 속에 숨은 터닝 포인트   122

3단계. 선택하라, 진짜 내가 드러난다   137

4단계. 채워라, 욕망을 담을 때 한 줄이 살아난다   151

4장. 변화_
현실을 바꾸는 자기확신의 힘

짧게 말하고 즉시 실행할 수 있다, 메타인지 스위치   169

정체성은 만들어가는 것이다, 자기대화의 원리   179

있는 그대로 받아들이면 나아갈 수 있다, 수용의 태도   189

희망이 아닌 전략으로 움직인다, 실현의 기술   202

에필로그 213 | 부록 219 | 참고자료 260

1장

시작_
내 삶을
다시 쓰는 힘,
자기확신

내가 나를 선언할 때
삶이 달라진다

세상에는 수많은 이야기가 있다. 인구 수만큼이나 각기 다른 이야기가 있다고 해도 과언이 아니다. 그 중 특정 이야기를, 특히 자신의 삶을 이끄는 이야기를 기억하고 살아가기 위해서는 등대가 알려주는 한 줄기 빛을 놓치면 안 된다. 바다와 같은 이야기를 한 마디로 응축하려는 것도 그 때문이다. 마틴 루터 킹의 "내겐 꿈이 있습니다 I have a dream"나 김연아 선수의 "무슨 생각을 해, 그냥 하는 거지"라는 말이 오래 회자

되는 것도 일맥상통하다. 앞서 살펴봤듯 이 말들만 떼어놓고 보면 특별할 건 없지만, 이 한 마디로 인해 그 뒤에 깔린 방대한 서사와 삶의 맥락을 느낄 수 있다. 자기확신의 한 줄은 전체 이야기를 불러오고, 불려온 이야기가 다시 한 줄에 힘을 부여하는 선순환을 일으킨다. 즉, 한 줄은 짧지만 결코 짧지 않다.

파키스탄의 교육운동가 말랄라 유사프자이Malala Yousafzai는 10대 시절 탈레반 정권 아래에서 여성은 학교에 갈 수 없다는 억압에 맞서 "나는 배우고 싶다"라고 마음먹었다. 그 말을 현실로 이룬 2012년 어느 날, 학교에 가던 버스 안에서 총격을 받고 기적적으로 살아남았다. 이후 그는 2013년, 세계 무대인 유엔 연설에서 말했다. "나는 말랄라다. 나의 목소리는 사라지지 않을 것이다. 매일 학교에 가고 싶다고 외치는 모든 소녀들의 목소다." 이후 BBC와의 한 인터뷰에서 그는 "나는 목소리를 낼 것이다. 나의 침묵은 나의 목숨보다 더 큰 대가를 치를 테니까"라며 자신이 목소리를 내는 이유에 대해 설명하기도 했다. 말랄라 개인의 삶에서 시작된 한 마디는 이제 침묵 당한 수많은 사람들의 이름이 되어, 당사자는 물론 다른 이의 삶도 바꾸고 있다.

꼭 세상을 향하지 않더라도, 자신의 마음속에서 반복하는 자기확신도 삶을 바꿀 수 있다. 야구선수 오타니 쇼헤이는 어린 시절부터 목표를 언어화하는 훈련을 해왔다. 그가 고등학생 시절부터 활용해온 것으로 알려진 만다라트 계획표에 관한 이야기다. 가로 세로 아홉 칸씩, 총 81칸으로 나눠진 칸 제일 가운데에는 자신이 달성하고 싶은 목표를 적고 그 목표를 달성하기 위해 필요한 서브 목표들을 채워 실천하는 방식이다. 프로야구 1군 선발, 일본 최고의 투수, 메이저리그 진출 등이 적힌 만다라트를 보며 오타니는 늘 최고의 자신을 추구하고 그런 자신을 뛰어넘는 것을 목표로 삼았다. 여러 인터뷰에서 밝힌 것처럼 그는 만다라트를 통해 늘 스스로에게 '오늘의 나는 어제의 나에게 지지 않는다'는 문장을 되뇐 것이다. 말랄라가 세상에 자신의 존재를 선언했다면 오타니는 자신에게 가능성을 선언한 셈이다. 두 사람의 방식은 다르지만 결국 자기확신을 통해 세상 앞에서든 마음속에서든 삶의 방향을 다시 세우는 자신의 한 마디를 갖고 있었다는 점에서는 같다.

심리학에는 자기주도 훈련 Self-directed Training 이라는 개념이 있다. 말 그대로 목표 설정부터 행동 계획, 실행·점검에 이르기까지 개인이 모든 과정을 스스로 주도하여 삶을 개선하는 방법론이다. 흔히 '목표 달성을 위한 자기계발'이라고 하면 누군가의 가르침을 따르는 방식이 떠오르지만, 자기주도 훈련에서는 중요한 결정을 내리는 주체가 '나'라는 사실이 한층 더 강조된다.

그래서 자기주도 훈련은 대체로 개인 사명 선언문 Personal Mission Statement 이라고 불리는 것부터 시작한다. 이 선언문은 '나는 왜 살아가는가?' '나는 어떤

인간은 스스로 만든 그 무엇일 뿐이다.

— 장 폴 사르트르

서사 정체성을 응축한 단 한 줄만으로 충분하다.
이러한 자기확신은 나를 다시 불러내는 진입로이자,
나의 삶을 되새기는 강력한 촉발점이다.

가치를 추구하고 싶나?' '장기적으로 어떤 삶을 지향하는가?' 같은 질문에 대해 개인이 짧은 단락 형태로 직접 선언하는 과정이다. 예를 들어 '나는 창의적인 아이디어로 사회 문제를 해결하는 데 기여하고 싶다. 그래서 늘 새로운 지식을 탐구하며 사람들에게 긍정적인 변화를 일으키는 일을 할 것이다'처럼 비교적 간단하지만 인생에서 정말 중요하게 여기는 가치를 압축해 보여주는 것이다.

개인 사명 선언문은 자기확신의 구체적인 형식이자 출발점이다. 선언문이 '나는 누구이며 어떤 길을 가겠다'는 방향성을 명료하게 적어내는 일이라면, 자기확신은 그 문장을 살아 있는 신념으로 만드는 과정이다. 즉, 개인 사명 선언문이 나의 가치와 의미를 문장으로 정리한 결과물이라면, 자기확신은 그 문장을 매일 되새기며 행동과 태도를 일치시키는 내적 힘이다. 결국 자기확신은 개인 사명 선언문을 통해 말에서 행동으로, 다짐에서 삶으로 옮겨가는 에너지라 할 수 있다.

이러한 과정은 그 자체로 자기주도 훈련이자 여러 가지 효과를 낳는다. 우선 '내가 지금 무엇을 위해 이 훈련을 시작하나?'를 아는 것만으로도 정체성의 근거를 가질 수 있다. 또한 매 순간 여러 선택지를 마주할 때마다 '이 선택이 내 사명 선언문과 부합하는가?'처럼 의사 결정의 기준으로 삼을 수 있다. 자기주도로 시작된 자기확신은 지속적으로 동기를 부여하는데, 이를테면 '나는 원래 이런 가치를 가진 사람이었지. 그러니 힘들어도 좀 더 해보자'처럼 목적 의식을 분명히 보여주기 때문이다.

이 모든 과정은 서사 정체성에서 출발한다. 과거의 경험과 주요 사건들을 떠올리며 가치관이나 신념, 욕구, 의미 등에 관한 답을 구해야 한다. 그 다음에는 주요 키워드를 추출한다. 도전, 창의, 배려, 성장, 자유, 책임감, 의무 등 자기 성찰 과정에서 등장한 단어들을 5~10개 정도 선별해서 정리한다. 마지막으로,

주요 키워드를 바탕으로 '나는 누구이며, 어떤 길을 가겠다'라는 방향성을 간결하게 표현한다. 너무 어려운 표현이나 추상적인 표현은 자제하도록 유의해야 한다. 어려운 표현일수록 매일매일 직관적으로 되새기기 어렵기 때문이다. 자기주도 훈련을 연구하는 심리학자들은 '나 자신이 바로 그 문장을 자발적으로 여러 번 말해보고 싶을 정도'로 짧고 간결하게 구성하는 것이 좋다고 설명한다.

- ☐ 나는 왜 살아가는가?
- ☐ 나는 어떤 가치를 추구하고 싶나?
- ☐ 장기적으로 어떤 삶을 지향하는가?

서사 정체성이 과거나 현재를 재료로 삼는다고 해서 그것이 단지 회상이나 기록에 머무르는 것은 아니다. 자기확신의 과정을 통해 그 재료들을 해석하고 연결하면서 미래의 나를 설계할 수 있기 때문이다. 예를 들어, 아직 나는 충분히 부지런하고 성실한 사람은 아니지만 그렇게 되기를 바라는 마음을 담아 '나는 부지런한 사람이다' 식으로 작성하는 경우다. 심리학에서는 이를 '동일시의 힘'이라고 하는데, 비록 현재 자신의 모습과 일치하지 않더라도 '나는 원래 이런 사람'이라고 열망할 때, 그 믿음에 따라 실제로 변화된 행동을 할 가능성이 높다고 본다. 개인 사명 선언문에 적힌 문장은 '내가 이 문장과 동일한 모습을 가진 사람이다'라고 느끼게 만드는 장치가 되어 긍정적 변화를 유도하는 역할을 수행할 수 있다. 오타니의 만다라트처럼 말이다.

자기확신은 자신의 서사 정체성에서 가장 중요한 가치와 의미를 길어 올리는 과정이다. 그것은 단순히 멋진 문장을 만들어내는 일이 아니라, 내가 어떤 사람이며 무엇을 위해 살아가고자 하는지를 스스로에게 묻는 일이다. 우리는 스스로 정한 가치와 기준을 통해 선택의 순간마다 주저하지 않고, 자신만의 결정을 내릴 수 있다. 완벽한 답을 찾으려 하기보다, 내 안에 이미 존재하는 이야기를 꿰어내어 지금의 나에게 가장 진실한 문장을 써 내려가는 것. 그 자체가 선언이며, 바로 그 순간 자기확신이 시작된다.

브이로그, 인생극장…
내 삶도 의미 있는 이야기다

'누군가의 하루가 위로가 될 수 있다면, 그걸로 충분해요.' 유튜브 채널 리쥬라이크@LIJULIKE의 영상들을 보면서 떠오른 이야기다. 구독자 수 약 95만 명을 보유한 이 채널에는 사실 특별한 사건이 없다. 하루 세 끼 식사를 준비하고, 아이와 시간을 보내고, 해 질 무렵 차를 마시는 장면이 전부다. 하지만 필자를 비롯한 수십만 명이 그 평범한 하루를 기다린다. 열혈 구독자로서, 아이를 돌보며 평범한 일상을 살아가는 한 사람으로서 고백하자면, 그의 영상을 보며 '나의 하루도 이렇게 의미 있을 수 있겠다'고 생각한다. 연구자의 언어로 풀어쓴다면, '평범한 삶도 서사가 된다'는 새로운 자의식이 형성되어 가는 과정이라고도 할 수 있다.

또 다른 브이로거 숫뚜@sueddu의 영상은 혼자 있는 시간을 담는다. 거실 창문을 여는 소리, 커피를 내리는 손끝, 책장을 넘기는 사소한 움직임 등이 대부분이다. 그의 영상에는 대사보다 정적이 많고, 배경음악보다 시간의 소리가 크다. 숫뚜는 한 인터뷰에서 "촬영은 내 하루를 기록하는 게 아니라, 내 마음이 평화로워지는 과정을 담는 일이에요"라고 말했다. 그의 고요한 하루에는 '혼자 있는 순간조차 나를 세우는 시간'으로 삼는 삶의 태도가 담겨 있는 셈이다.

이처럼 SNS나 유튜브에서 자주 볼 수 있는 브이로그Vlog는 '동영상'을 뜻하는 영단어 비디오Video와 '기록'이라는 뜻을 가진 로그Log의 합성어다. 말 그대로 '일상생활'이 주제인 만큼 그 어떤 것이든 브이로그 동영상의 주제가 될 수 있다. 단순히 자고 일어나는 것부터 식사하기, 씻기, 옷 갈아입기, 도시락 싸기, 꾸미기, 외출하기, 방 꾸미기, 요리하기, 회사에서 일하기, 여행하기, 수다 떨기, 운동하기, 게임하기, 독서하기, 다이어리 꾸미기, 공부하기, 육아하기, 취미활동 즐기기 등 그 어떤 것이라도 브이로그가 될 수 있다.

주제가 주제이니만큼 브이로그에는 딱히 놀라운 이야기, 특출나게 예쁘고 잘생긴 누군가의 등장, 예기치 못한 상황이 펼쳐지진 않는다. 그것을 보는 우리도 알고 있다. 밥을 복스럽게 잘 먹는다, 편집이 깔끔하다, 생동감이 넘친다, 진짜 날것 그대로 평범하다 등 이유 같지 않은 이유로 보다 보면 어느샌가 영상을 끝까지 시청한 후다. 그렇다고 시간을 낭비했다거나 남는 게 없다고 자책할 필요는 없다. 짧은 시간이었을지언정 우리는 다른 삶을 살아보고 내 삶을 돌아볼 재료를 얻었기 때문이다.

타인의 일상을 여러 편 감상하다 보면 흩어진 일상의 파편들이 머릿속에서 하나의 이야기로 연결되며 마치 드라마를 본 것 같은 감각을 느낄 수 있다. 이 지점에서 우리는 심리학 개념인 '서사 정체성 Narrative Identity'을 만날 수 있다. 이는 사람들이 자신의 경험을 단순한 사건의 나열로 두지 않고 삶의 의미 있는 이야기로 엮어가는 과정을 말한다. 한 개인이 살아온 경험과 앞으로 살아갈 미래를 하나의 이야기로 구성하면서 '나는 누구인가'라는 정체성을 세워가는 과정이다.

☐ 평소 즐겨보는 브이로그 채널은 무엇이고, 어떤 점이 끌리는가?

☐ 자신의 일상에서 반복되는 일은 무엇인가, 그 일을 시작했던 때나 지속하는 이유는 무엇인가?

매일의 반복이 인생의 형태를 만든다.

— 무라카미 하루키

자신의 경험을 단순한 사건의 나열로 두지 않고
삶의 의미 있는 이야기로 엮어가는 과정은 곧
'나는 누구인가'를 알아가는 과정이다.

브이로그 시청 경험은 이 과정을 거꾸로 보여준다. 우리는 타인의 일상 파편을 보면서 '이건 나랑 비슷하네' 혹은 '이런 사람도 있구나'라며 비교와 반응을 하고, 무의식적으로 우리의 삶을 재정렬하거나 대조하게 된다. 결국 타인의 브이로그는 각 개인의 서사 정체성을 비추는 거울인 셈이다. 타인의 일상을 통해 나의 삶을 다시 이야기화Narrative하게 만드는 촉매제인 것이다. 이런 경험은 '세상에는 다양한 삶이 있다'는 깨달음을 넘어 내 삶 역시 서사로 엮일 수 있다는 자기정체성을 강화하는 효과를 준다.

브이로그와 유사하지만 좀 더 서사를 갖춘 예로 우리나라 장수 다큐멘터리 〈인간극장〉을 들 수 있다. 이 프로그램에는 우리가 길을 걷다 흔히 마주칠 수 있는 그 누구라도 주인공이 된다. 물론 방송이니 어느 정도 각색이 들어가거나, 절묘한 순간에 기막힌 엔딩 음악으로 회차를 끊어 시청자의 호기심을 자극하기도 한다. 그렇다 하더라도 한 인간의 삶을 이야기로 엮어내는 과정 자체에 큰 의미가 있다. 평범한 일상 속에서도 한 사람이 어떤 가정 환경에서 성장했는지, 어떤 계기로 현재 직업을 택했는지, 크고 작은 사건들이 어떤 영향을 미쳤는지 보여주고, 시청자는 그 사람의 이야기에 빠져든다.

타인의 일상에는 취향과 습관, 태도, 사소한 고민과 행복이 여과 없이 드러난다. 우리는 그 모습을 내 삶에 비춰보고, 여유가 된다면 슬쩍 따라 하면서 작은 자극을 받는다. 그러다 문득 깨닫는다. 소소한 일상도 결국 쌓이고 이어져 한 사람의 서사가 된다는 것을. '내가 이런 소소한 재미를 잊고 살았구나' 하고 느끼기도 하고, '저렇게 하면 나도 내 하루를 조금 더 사랑할 수 있지 않을까'라는 자극을 받는다. 이는 곧 남의 삶을 가만히 들여다보는 행위가 내 삶을 조금 더 다채롭게 바라보게 만들고, 나의 서사 정체성에도 긍정적인 영향을 주는 과정이라 할 수 있다.

짧은 순간들을 이어붙여 하나의 서사를 만들어

낸 앞선 예들과는 반대로, 영화 〈보이후드〉는 긴 시간을 압축해 짧은 이야기로 응축했다. 서로 반대 방향에서 출발했지만, 결국 시간이라는 재료로 삶의 서사를 살펴본다는 점에서 닮아 있다. 영화 〈보이후드〉를 만든 리처드 링클레이터 감독은 12년에 걸쳐 한 소년의 성장을 같은 배우로 기록했다. 주인공 메이슨 역의 엘라 콜트레인이 여덟 살 때 촬영을 시작해 스무 살이 될 때까지 매년 조금씩 촬영을 이어간 것이다. 영화에는 거대한 사건이나 반전이 없다. 학교에 가고, 싸우고, 가족과 밥을 먹고, 여름방학을 보내는 단조로운 일상이 전부다. 하지만 영화가 끝날 무렵, 관객은 한 사람의 인생을 통째로 살아낸 듯한 묘한 감정에 휩싸인다. 감독은 "인생은 거대한 드라마가 아니라, 조용한 순간들의 연속이다"라고 말했다.

그의 말처럼 삶은 극적인 사건보다 매일의 평범한 순간들이 쌓여 이야기를 만든다. 타인의 브이로그를 보며 '이건 나랑 비슷하네' '나만 이런 게 아니었구나' '이런 소소함으로도 충분히 행복할 수 있구나' 하고 느끼는 과정은 그 자체로 생생한 진정성을 느끼는 과정이기도 하다. 누군가의 화려한 성공담이나 극적인 역경 극복 스토리도 흥미롭지만, 정작 우리의 삶은 '지극히 평범한 순간'들로 닮아 있기 때문이다. 서로 다른 배경 속에서도 닮아 있는 그 평범한 하루들이, 우리에게 공감과 연대감, 그리고 진짜 이야기의 힘을 느끼게 한다. 우리가 찾던 진정성은 거창한 말이 아니라 그렇게 스쳐 지나가는 일상 속에서 새어나오는 것이다. 사소한 일상 하나, 말 한 마디부터 중요하게 여겨야 하는 이유는 이것으로 충분하지 않은가.

반복되는 일상 속에서
의미를 만드는 맥락효과

"무슨 생각을 해, 그냥 하는 거지."

이 한 마디만 놓고 봤을 때 어떤 생각이 떠오르는가? 누군가는 이 말에 전적으로 동의하는가 하면, 또 다른 누군가는 '그냥'보다는 '이유'가 더 중요하다고 생각할 것이다. 이렇게 쓰긴 했지만 사실 저 한 마디를 보자마자 누구나 한 인물부터 떠올렸을 것이다. 이 말은 전 국가대표 피겨 스케이팅 김연아 선수의 말로 이미 유명하기 때문이다. 선수 시절 한 방송

프로그램에서 스트레칭할 때 무슨 생각을 하냐는 질문에 툭 던진 대답이었지만 많은 이들이 감동을 받았다. 복잡하게 생각하고 망설이기보다는 자신의 선택과 행동을 꾸준히 이어가는, 자기확신의 한 형태를 보며 사람들은 세계 정상급 선수는 역시 마인드도 다르다며, 그의 '그냥 한다'는 태도를 본받아야 한다고 반응했다.

한편 이러한 반응을 보고 개인적으로 억울한 마음이 든 적이 있다. 아무도 몰랐겠지만 나 역시 김연아 선수처럼 말하고 행동한 적이 많았다. 누가 '그 일을 왜 하냐'고 물었을 때 "그냥 하는 거지"라고 말하고, 실제로 고민보다는 일단 행동에 옮긴 적도 많다. 하지만 주변 사람들이 딱히 어떤 '영감'을 느꼈던 것 같지는 않다. 나 역시 그런 걸 기대하지는 않았지만, 궁금하기는 했다. 같은 말을 해도 울림을 주는 말과 그렇지 않은 말의 차이는 어디서 오는 걸까?

후광효과Halo Effect 때문이다. 이는 우리가 어떤 대상을 평가할 때 그 대상이 가진 일부 긍정적인 특성에 의식적으로든 무의식적으로든 주목하고 나머지 특성도 긍정적으로 판단한다는 인간의 심리적 편향을 말한다. 간단히 말해, 외모든 능력이든 소위 '멋있어 보이는' 사람이 하는 일은 무엇을 해도 멋져 보인다는 말이 심리적인 원리에 기반한다고 할 수 있다.

김연아 선수의 한 마디가 주는 울림은 전형적인 후광효과의 예시다. 우리는 김연아 선수에 관해 수많은 긍정적인 특징을 이미 알고 있다. 그의 뛰어난 능력, 바람직한 인성, 강인한 멘탈 등 많은 부분들이 '김연아'라는 대상에 대해 긍정적인 분위기를 형성하고 있다. 그런 상황에서 '그냥 하는 거지'라는 한 마디를 접하게 되면 우리는 머릿속에서 긍정적 특성과 연결 지어 그 의미와 호불호를 판단한다. 이러한 후광효과는 특히 이미 대중적 명성과 상징성을 가진 유명인에게 강하게 작용한다.

하지만 반드시 유명한 사람만이 후광효과를 누

리는 것은 아니다. 평범한 사람도 후광효과를 누릴 수 있는데, 맥락효과Context Effect 덕분이다. 김연아 선수의 "그냥 하는 거지"가 특별한 힘을 갖는 것은 그의 생애 서사가 자연스럽게 덧입혀지기 때문인데, 일반인도 자신이 살아온 이야기와 맥락을 통해 충분히 비슷한 효과를 얻을 수 있다. 후광효과가 유명인의 발언에 권위를 부여한다면, 맥락효과는 평범한 사람의 말과 서사가 결합될 때 설득력과 감동을 만들어주는 힘이라고 할 수 있다. 사람들은 논리보다 이야기에 더 쉽게 몰입하고 설득당하고 오래 기억하기 마련이다.

- ☐ 다른 사람들은 나를 어떤 사람이라고 말하는가?
- ☐ 내가 자주 하는 말 중에 '나답다'고 느껴지는 표현은 무엇인가?

더 중요한 것은 맥락효과가 단지 타인에게만 작동하는 것이 아니라 자신에게도 효과가 있다는 점이다. 내가 내 삶을 하나의 이야기로 엮어낼 때, 그 과정은 단순히 남을 설득하기 위한 장치가 아니다. 오히려 내가 걸어온 길과 지금의 선택이 서로 맞닿아 있다는 자기일관성Self-consistency을 확인시키며, 흔들릴 때마다 다시 중심을 잡게 한다. 김연아 선수가 말하는 자기확신의 한 마디가 힘을 갖고 그를 이끌 수 있었던 이유는, 그것이 그의 삶과 모순 없이 이어져 있기 때문이다. 즉, 평범한 나의 말도 나의 서사와 결합될 때 그 영향력은 배가된다.

어쩌면 우리는 남의 이야기에 귀 기울이는 순간, 동시에 자기 자신의 이야기를 새롭게 쓰고 있는 걸지도 모른다. 타인의 서사가 단순한 구경거리를 넘어 나의 일상을 비추는 거울이 되고, 때로는 내 선택을 바꿀 작은 계기로 삼으며 새 이야기를 쓰는 셈이니 말이다. 그렇게 우리는 늘 이야기 속에서 살아간다.

**미래를 내다보며 점들을
연결할 수는 없다. 오직 과거를
돌아볼 때만 연결할 수 있다.
그러므로 그 점들이 미래에
어떻게든 연결될 것임을 믿어야 한다.**
— 스티브 잡스

내가 내 삶을 맥락에 맞는 하나의 이야기로
엮어낼 때, 내가 걸어온 길과 지금의 선택이
맞닿아 있음을 확인할 수 있다. 모순 없이 이어진
자기확신의 한 마디는 삶을 이끄는 힘이다.

'나답게 살고 싶다'는
다짐보다 확신으로

"너 자신이 되어라Werde, der du bist."

"너 자신이 되어라. 세상에는 이미 다른 사람이 충분히 많다Be yourself; everyone else is already taken."

시대도, 어조도 다른 두 문장이 서로 닮아 있다는 것이 새삼 놀랍다. 첫 번째 문장은 널리 알려졌듯이 니체의 말이다. 그의 핵심적 철학 사상이자, 『차라투스트라는 이렇게 말했다』에서 '초인Übermensch'이 설명되는 과정을 조금만 주의 깊게 살펴보면 완벽한 인간이나 비범한 영웅을 가리키는 말이 아님을 알 수 있다. '동물과 초인 사이에 매인' 인간으로서, 스스로의 본능과 한계를 초월하여 자기 가치를 창조하는 존재에 가까워 보인다. 사회적 규범보다는 개인의 아름다움을 중시하며 예술적 자유를 중시했던 오스카 와일드는 이미 자신의 삶을 통해 이 문장을 살아냈다. 한 명은 철학으로서 창조하는 삶을, 또 다른 한 명은 예술로서 창조하는 삶을 강조한 셈이다.

사실 우리는 평생 '나답게 살라'는 말을 듣지만, 정작 '나'가 무엇인지, 누구인지 알지 못한 채 살아간다. 누군가는 타인의 기준 속에서 자신을 증명하려 하고, 또 누군가는 스스로를 설명할 언어를 찾지 못한 채 흔들린다. 내가 나인 것은 분명한 사실이고 실제로 이렇게 존재하고 있으니 당연히 '나를 내가 알지!' 싶다가도, '진짜 나'를 찾아야 할 것만 같은 불안감이 엄습한다. 이런 현실에서 니체와 오스카 와일드의 자기확신이 와닿는 이유는 그들의 말이 단순한 철학적 구호가 아니라 구체적인 삶 속에서 확인되는 진실이기 때문이다. '나답게 산다'는 것은 특별한 재능이나 성취보다는 내가 반복해온 경험과 감정, 그리고 그 의미를 묻고 답하는 과정에 만들어진 서사적 맥락 덕분이다. 니체와 오스카 와일드가 살아낸 진짜 삶처럼 말이다.

'나를 안다'는 것이 철학적이고 관념적으로만 느껴진다면, 우선은 쉽게 타인을 통해 살펴보자. 예를 들어, 비교적 외향적이고 친절하며, 스트레스를 받을 때마다 운동을 통해 기분을 전환하고 창의적인 업무 수행을 중요하게 생각하는 한 사람을 가정해보자. 여기까지만 알아도 우리는 그가 어떤 상황에서 어떤 행동을 할지를 어느 정도 예측할 수 있다. 하지만 그것이 곧 그 사람을 안다는 뜻은 아니다. 외향적이고 친절하며 운동으로 스트레스를 푸는 사람은 많기 때문이다. 그 선택이 '과거의 재활 경험을 통해 몸을 단련하며 삶을 회복했던 기억'이나 '매일 새벽 달리기를 하며 역경을 이겨낸 아버지의 모습' 같은 개인적 서사와 연결될 때, 우리는 그의 성격과 행동을 훨씬 깊게 이해할 수 있다. 같은 행동 패턴도 서사 정체성이 더해질 때 비로소 '그 사람 고유의 것'이 된다.

심리학자 댄 맥아담스Dan P. McAdams가 제시한 서사 정체성은 한 개인이 자신의 삶을 하나의 이야기로 구성하는 과정, 혹은 그 결과물을 가리킨다. 현재의 삶에 이르기까지 어떤 일들이 있었는지, 그 경험들이 어떤 의미로 연결되는지, 미래는 어떻게 그려가고 싶은지를 통합적으로 엮어낸 개인의 고유한 인생 이야기다. 구체적으로 살펴보면 크게 세 가지 특징을 갖는다.

첫째, 서사 정체성은 끊임없이 변화하고 성장하는 '이야기'다. 우리는 매일 무언가를 경험하고, 그 경험을 통해 자신의 과거를 재해석하며, 미래의 방향을 수정한다. 이 과정에서 삶은 하나의 통일된 이야기로 묶이고, '나'라는 주인공은 특정한 의미와 가치를 부여받는다. 결국 서사 정체성은 단순한 데이터나 정보의 나열이 아니라 '나의 삶을 어떻게 읽고, 어떤 이야기로 전달할 것인가'에 대한 적극적이고 창조적인 해석이자 구성 과정이다.

둘째, 서사 정체성은 그 누구와도 겹치지 않는 자신만의 이야기다. 형제자매, 부모님, 친구 같이 아무리 가까운 사이라 해도 동일한 궤적을 밟은 사람은 없다. 비슷한 성격이나 적응 양식을 가졌다 해도 그 세부적인 결이나, 그것이 드러나는 맥락 등은 각자 고유한 인생에 따라 천차만별이다. 그래서 심리학자들은 서사 정체성이 개인의 자아존중감Self-esteem과 밀접하게 관련된다고 본다. 이와 관련해 국내의 한 심리학과 교수는 방송 인터뷰를 통해 "자기 자신만이 가지고 있는 독특한 특성을 생각해보는 겁니다. 사실 이 지구상에 자기 자신처럼 생기고 자기 자신처럼 생각하는 사람은 딱 한 사람밖에 없거든요. 그러니까 자기 자신이 가지고 있는 독특한 부분에 대해서 생각해볼 필요가 있고요"라고 말했다.

여기에 덧붙일 점은 인생에서의 크고 작은 실패나 타인과의 비교에서 비롯된 열등감 등은 서사 정체성이나 자존감과는 직접적인 관련이 없다는 사실이다. "내 인생은 너무 평범해" "내 이야기는 시시하기만 한 걸" "난 인생에서 딱히 이룬 것도 없는데 무슨 이야기가 있다고"라고 토로하는 사람을 여럿 보았다. 그런 생각이 들수록 누구에게나 독특한 이야기가 있다는 사실을 기억해야 한다. 다른 사람들이 보기에 얼마나 대단한지, 하찮은지, 흥미로운지, 시시한지는 별 상관이 없다. 나의 경험을 기억하고 내 인생 이야기의 일부로 끄집어낼 수 있다면 충분하다. 그런 경험들이 모여 개인만의 독특한 존재 의미와 자존감을 형성하니 말이다.

- ☐ 그 일은 나에게 어떤 의미였나?
- ☐ 살면서 가장 자주 느낀 감정은 무엇인가?

셋째, 서사 정체성은 변곡점의 집합체이다. "과거에 살아온 이야기를 들려주세요"라고 사람들에게 질문하면 다양한 이야기를 들을 수 있는데, 심리학자들은 여기에 한 가지 흥미로운 공통점이 존재한다는 것을 발견했다. 그건 바로 터닝 포인트Turning Point이다. 잘나가던 직장에서 과감히 퇴사했던 사건, 사랑하는 사람을 떠나보내고 슬픔에 잠겼던 시기, 아무 기대 없이 떠난 여행지에서 인생의 방향을 바꿀 깨달음을 얻은 순간 등 개인의 삶에서 결정적인 분기점들을 우리는 그냥 흘려보내지 않는다. 이런 특별한 사건들을 곱씹고, 재해석하고, 이야기의 기둥처럼 세워두며, 이를 중심으로 자신의 내적 세계를 정렬한다.

이러한 특성을 잘 갖춘 튼튼한 서사 정체성은 자신을 이해하는 도구인 동시에 대인 관계에서 이미지와 매력을 형성하는 데 큰 영향을 준다. 그 안에 담긴 정체성은 단순히 '내 이야기를 하면 사람들의 관심을 더 끈다' 수준이 아니라 일상적인 대인 관계, 의사

소통, 의사 결정 전반에 중요한 심리·사회적 효과를 발휘한다. 실제로 인지심리학은 사람들이 다른 사람들의 서사를 접했을 때 주의Attention, 기억, 인상 형성과 같은 인지 과정이 어떻게 달라지는지를 보여준다.

영국의 심리학자 프레데릭 바틀렛Frederic Bartlett은 1932년에 진행한 고전적 실험에서 참가자들이 낯설어 할 법한 미국 원주민 설화를 들려주고 시간이 지난 후 그 이야기를 어떻게 회상하는지 관찰했다. 그 결과 참가자들은 이야기의 세부사항을 정확히 기억하지 못할 때는 자신이 속한 문화적 배경에 따라 내용을 변형하는 경향을 보였다. 핵심 구조와 사건의 인과 관계, 등장인물의 역할 등 이야기의 큰 틀은 유지하면서도 나머지는 자신에게 익숙한 형태로 재조직하는 것이다. 이는 인간이 정보를 단순 암기하는 것이 아니라 기존의 지식 체계(스키마, Schema)나 이야기 구조Narrative Structure를 활용해 재구성한다는 점을 입증한 것이다. 무작위 정보라도 '적당한 스토리 프레임'에 끼워 넣으면, 훨씬 오래 기억에 남고 회상하기도 수월하다는 뜻이기도 하다.

바틀렛의 연구 이후로도 많은 인지심리학자들은 스토리 구조를 가진 정보가 무작위로 나열된 사실보다 훨씬 오래, 더 생생하게 기억된다는 결과를 반복적으로 제시해왔다. 예를 들어 어떤 정보를 전달할 때 '처음에 이런 사건이 있었고, 그 결과 이렇게 되었으며…' 같은 인과 관계가 명확한 이야기 형식으로 정보를 제시하면, 사람들은 이를 영화나 소설처럼 재구성하며 시간의 흐름과 맥락을 따라가기 때문에 세부사항까지 덩달아 잘 떠올리게 된다.

신경과학과 인지심리학을 접목한 여러 연구도 이러한 현상을 뒷받침한다. 이야기를 접할 때 뇌는 언어 처리 영역뿐 아니라 에피소드 기억 시스템Episodic Memory까지 동시에 활성화된다. 즉, 정보는 단순한 지식이 아니라 '내 경험'처럼 체화되어 공감과 몰입을 이끌어낸다. 가상의 인물이나 사건을 다룰 때도 우리가 쉽게 공감하고 몰입할 수 있는 이유가 바로 여기에 있다. 감정과 맥락이 결합된 기억은 단편적 사실보다 훨씬 더 강력하고 오래가는 힘을 지닌다.

이 특성은 교육과 마케팅, 인간 관계 전반에 적용된다. 수학 개념이나 공식을 설명할 때 '옛날에 어느 수학자가 이 문제를 풀기 위해 이런저런 시행착오를 겪었다' 같은 이야기를 덧붙이면, 학생들의 이해와 기억이 크게 향상된다는 연구 결과가 있다. 마케팅 분야에서도, 단순히 제품의 스펙과 기능을 나열하기보다 '이 물건을 쓰고 나서 인생이 변화한 사람'처럼 구체적인 스토리를 들려주면 훨씬 설득력이 높아진다. 이는 인간 관계에서도 그대로 적용된다. 누군가를 소개할 때 'ㅇㅇ 대학교를 졸업하고 ㅇㅇ 회사에서 일한다'는 사실만 전달하는 것보다 '학창 시절에 이런 경험을 겪었는데, 그 덕에 지금의 직업을 선택했다'는 이야기를 곁들이면 훨씬 더 깊은 인상을 남긴다.

당신이라는 존재는,

과거에 당신이 생각하고 느낀 내용

하나하나가 마음에 쌓이고 섞인

결과물입니다. 당신은 그 마음의

조각보로서 지금 여기에 있습니다.

― 붓다

'나답게 산다'는 것은 특별한 재능이나 성취보다는
내가 반복해온 경험과 감정, 그리고 그 의미를 묻고
답하는 과정에 만들어진 서사적 맥락 덕분이다.

결국 바틀렛의 스키마 이론과 이후 연구들은 사람이 정보를 기억할 때 이야기 구조를 선호한다는 점과 인과 관계나 감정, 맥락이 결합된 정보를 더 오래 기억한다는 사실을 일관되게 보여준다. 단편적 사실이라도 인물, 시간, 공간을 엮어 서사로 제시되는 순간, 우리 뇌는 그 정보를 훨씬 더 의미 있는 에피소드로 받아들이며 깊이 공감한다. '인간은 본래 이야기하는 동물Homo Narrans'이라는 말은 결코 과장이 아니다.

2장

•

전환_
확신의
토대를 세우는
마음의 기술

불안하거나 결정을 미루고 있을 때, 회복탄력성

지금까지 우리는 나를 하나의 이야기로 바라보는 시선을 세웠다. 내가 어떤 경험을 했고, 어떤 사람으로 살아왔는지를 이해하는 일은 결국 '나는 어떤 서사 속의 인물인가'를 인식하는 과정이었다. 하지만 이야기를 인식했다고 해서 곧바로 흔들리지 않는 것은 아니다. 삶의 장면은 매일 바뀌고, 감정은 그보다 더 빠르게 변한다. 자기확신이란 바로 그 변하는 마음을 다루는 힘을 키우는 과정이다.

하루에도 수십 번 마음이 흔들린다. 누군가의 말 한 마디, 예기치 못한 변수, 나 자신에 대한 의심 하나가 생각의 방향을 순식간에 바꿔놓는다. 이럴 때 우리는 흔히 '더 강한 결심'을 하려 하지만, 마음의 전환은 의지로만 이루어지지 않는다. 진짜 변화는 외부의 조건이 아니라 내가 무엇을 통제할 수 있는가를 다시 세우는 순간에 일어난다.

확신은 거창한 선언이 아니라, 지금의 감정에 다른 이름을 붙이는 일에서 시작된다. '왜 이렇게 쉽게 흔들릴까'라는 자책 대신 '지금은 내 마음이 이렇구나'라고 인식할 때 전환은 시작된다. 그 인식의 순간, 우리는 비로소 자신을 객관적으로 바라보며 삶의 굴곡을 '나를 성장시킨 이야기'로 다시 엮을 수 있게 된다.

심리학자 댄 맥아담스와 바우만Bowman의 연구는 이를 잘 보여준다. 연구 결과에 따르면, 서사 정체성을 잘 구축한 사람은 삶의 굴곡을 단순한 사건의 나열로 보지 않는다. 대신 사건들을 연결하여 자신의 존재와 삶의 목적을 명확히 이해하려는 경향이 강하다. 이 과정에서 서사 정체성은 두 가지 심리적 효과와 연결된다. 낙관주의와 회복탄력성Resilience이다.

낙관주의란 동일한 현상이나 경험을 놓고도 다른 사람보다 더 긍정적으로 해석하고 전망하는 사고 습관을 의미한다. 서사 정체성이 뚜렷한 사람들은 특히 의미Meaning를 찾는 데 능숙하다. 예상치 못한 불운이나 우연한 사고가 닥치더라도 단순한 불행으로만 남겨두지 않는다. 대신 '이 사건이 내 삶을 앞으로 어떻게 변화시킬까?' '앞으로 내가 나아가야 할 방향은 무엇일까?' '나는 이 사건을 어떻게 기억하게 될까?'와 같은 질문을 스스로 던지며 부정적 사건마저도 자신 삶의 일부로 기꺼이 수용하려 노력한다. 이런 태도가 바로 회복탄력성으로, 어려운 상황에서도 빠르게 부정적인 감정이나 피해를 극복하고 인생의 다음 단계로 나아가는 원동력이 된다. 어려움 속에서 의미를 찾는 훈련이 반복되면 낙관주의적 사고도 자연스럽게 체화된다. 어려운 일을 마주했을 때 '분명 이 사건 또한 어떤 의미가 있을 거야' '마냥 불행한 일만은 아니야. 어떻게 하면 전화위복의 계기로 삼을 수 있을까?' 등을 먼저 생각하며 어떻게든 긍정적인 부분을 찾아내기 마련이기 때문이다.

- ☐ 그 사건은 그 후 내 삶을 어떻게 변화시켰는가?
- ☐ '그래도 나는 할 수 있다'고 믿었던 순간은 언제인가?

이와 관련해 심리학자 알프레드 아들러Alfred Adler와 동료들의 임상 연구도 흥미롭다. 연구진은 우울증 환자들에게 자신의 인생 이야기를 재구성하는 작업, 즉 자신의 서사 정체성을 구축하도록 요청했다. 그 결과, 인생의 전환점을 중심으로 자신의 이야기를 구

**당신의 상처를 지혜로 바꾸세요.
인생에서 당신은 여러 번 상처받을
것입니다. 실수도 하게 될 겁니다.
하지만 그 모든 일에 감사하세요.**

― 오프라 윈프리

불행한 일을 겪은 당시 빠르게 극복했든
그렇지 못했든 상관없다.
오늘날 '의미'로서 발견하면 된다.
이는 그 자체로 '내 삶은 내가 통제할 수 있다'
'어떤 일이 닥쳐도 나는 의미를 부여하고
앞으로 나아갈 수 있다'는 자신감을 낳는다.

성하고 의미를 부여한 사람들이 그렇지 않은 사람들보다 우울감이 완화되고 심리적 안정이 강화되는 모습을 보였다. 연구자들은 본인들의 연구 결과를 설명하기 위해 자기효능감의 중요성을 언급했다. 즉, 서사 정체성이 자기효능감을 증진시켰기 때문에 우울증 감소에 효과가 있었다는 의미다.

서사 정체성은 과거의 실패나 좌절에도 의미를 부여하는 과정이다. 과거의 부정적인 사건들을 그냥 불행한 사건으로 남겨두지 않고, '이 사건이 나를 어떻게 성장시켰는가?'라는 질문으로 재해석해야 한다. 불행한 일을 겪은 당시에 빠르게 극복했든 그렇지 못했든 상관없다. 사건의 한 가운데에서 나름대로 극복을 위해 몸부림을 쳤고 오늘날 돌이켜볼 때 그때의 노력이 어떤 식으로든 나에게 긍정적인 영향을 미쳤다는 것을, '의미'로서 발견하면 된다. 이는 그 자체로 '내 삶은 내가 통제할 수 있다' '어떤 일이 닥쳐도 나는 의미를 부여하고 앞으로 나아갈 수 있다'

는 자신감을 낳는다.

이커머스 플랫폼으로 출발해 현재는 중국 최대의 디지털 인프라 기업인 알리바바를 창업한 마윈은 실패와 좌절에도 끝까지 회복탄력성을 발휘한 대표적인 인물이다. 그는 자신이 KFC 면접자 24명 중 유일하게 탈락한 사람이었다는 사실을 웃으며 이야기했고, 하버드에 열 번 지원하고 열 번 모두 떨어졌다고 털어놓기도 했다. 수많은 실패와 거절에도 그를 일으킨 건 "포기하지 않으면 아직 기회가 있다"는 자기확신이었다. 17명의 친구들과 알리바바를 창업하고 그룹을 이끈 여정은 회복탄력성의 힘을 그대로 보여준다. 실패가 반복될수록 그는 '어떻게 다시 일어서느냐'에 집중했고, 거절이 일상일 때조차 자신의 비전과 목표를 바탕으로 꿋꿋이 전진했다. 이처럼 자기효능감은 안정된 성공의 결과가 아니라 불확실하고 고단한 과정 속에서 스스로를 믿고 행동하는 힘이다.

회복탄력성을 통해 실패를 딛고 자기효능감을 발견하는 과정이 거창해 보이겠지만, 우리 일상에서도 흔히 볼 수 있는 여정이다. 예를 들어보자. 직장에서 K씨는 담당 PM으로서 중요한 프로젝트를 맡아 진행하였으나, 고객사의 요구를 충분히 반영하지 못해 결국 프로젝트 좌초라는 쓰라린 결과를 맞았다. 생각지 못한 실패에 K씨는 자신감을 잃고 깊은 우울감에 빠졌다.

하지만 이후 심리 전문가의 도움을 받아 서사 정체성을 구축하는 연습을 시작했다. 처음에는 잊고 싶었던 실패였지만 그는 용기를 내어 그 경험을 마주 보기 시작했다. '그때는 실패였지만, 그 덕분에 나는 더 철저히 준비하는 습관을 얻었지' '고객과 긴밀히 소통하는 게 얼마나 중요한지 새삼 느꼈어' '그때의 실패가 있었기에 지금은 훨씬 더 안정적으로 프로젝트들을 진행할 수 있는 것 아닐까?' '한 번 극복했다면 두 번, 세 번도 극복할 수 있어. 나는 실패가 두렵지 않아!' 등 재구성을 통해 K씨는 과거의 실패를 단순한 상처가 아닌 성장의 발판으로 전환시켰다.

서사 정체성은 과거 경험을 의미로 재구성하게 한다. 이 과정에서 자신에 대한 믿음, 즉 자기확신이 단단해지고 그 위에 낙관주의적 사고가 자리 잡으며 어려움을 이겨내는 회복탄력성이 강화된다. 궁극적으로는 '나는 할 수 있다'는 자기효능감을 길러준다. 이는 단순한 심리적 효과를 넘어 삶 전체를 보다 능동적이고 주체적으로 살아가게 하는 핵심 자원이다.

일희일비하며 감정에 휘둘릴 때, 정서 관리

우리는 살면서 다양한 감정을 마주한다. 기쁨이나 즐거움 같은 긍정적 정서뿐 아니라 분노나 슬픔, 불안과 같은 부정적 정서도 자연스러운 감정이다. 문제는 이러한 감정을 어떻게 인식하고 수용하며 관리하느냐다. 서사 정체성을 바탕으로 한 자기확신은 이러한 감정의 경험과 관리에 매우 중요한 역할을 한다.

    심리학자들은 정서인식 명확성Emotional Clarity이라는 개념을 통해 사람들이 평소 자신의 정서를 얼마나 정확하게 의식적으로 파악하는지 연구해왔다. 자신이 지금 화가 난 것인지, 슬픔에 빠져 있는 것인지 혹은 두 가지 감정을 동시에 경험하는지 인식하는 것은 정서 관리의 출발점이다. 일상에서는 흔히 감정 관리로 더 친숙한 이 절차는 앞으로의 대처를 위해서든 자신의 평정심을 위해서든 언제 어디서나 무척 중요하다. 감정을 제대로 파악하지 못하는 사람들은 사실 자신이 슬픈데도 위로나 공감을 찾지 않거나, 반대로 기쁜데도 애써 '기쁨을 느낄 때가 아니다'라며 자신의 감정을 부정하는 경향이 있다. 그 결과 오랜 시간 부정적 정서에 사로잡히거나, 반대로 무감각해지기도 한다. 어느 쪽이든 결국 정서적 혼란을 겪는 것과 다름없다.

서사 정체성은 정서인식 명확성을 높인다. 서사 정체성을 구축하는 핵심 과정이 복기와 재구성에 있기 때문이다. 실제로 심리학자 조너선 애들러Jonathan Adler와 할 허쉬필드Hal Hershfield는 연구 참가자들에게 자신의 삶에서 긍정적인 사건을 중심으로 짧은 자서전을 쓰게 했을 때, 실험 전후 비교에서 삶에 대한 긍정적 정서가 유의미하게 향상되었다고 보고했다. 자신의 이야기를 직접 글로 풀어내는 작업만으로도 긍정적인 경험을 의식적으로 재경험하게 되고, 동시에 자신이 삶의 주인공이라는 인식을 강화할 수 있었기 때문이다.

서사 정체성이 발달된 사람들은 '누가 뭐라 해도 내 인생은 의미 있는 흐름을 가진 이야기'라고 믿는 경향이 높다. 이런 믿음은 곧 일상 속에서 경험하는 작은 행복이나 기쁨을 놓치지 않게 돕는다. 예컨대 직장에서 사소한 칭찬이나 감사 인사를 받았을 때, 그 순간을 자신의 인생 서사 속 한 장면으로 기록하려는 성향을 보인다. 무심코 지나칠 수도 있었던 순간을 특별한 한 줄의 이야깃거리로 만들어내는 것이다. 그 결과 긍정적 정서를 더 강렬하게 경험하고 오래 유지할 수 있다.

반대의 경우도 생각해볼 수 있다. 일상 속에서 왠지 모르게 심장이 뛴다든지, 맥박이 빨라지거나 느려지는 것 같다든지, 신경이 예민해지거나 둔감해지든지, 자신도 모르게 기운이 빠지고 움직임이 느려지는 등 마음 속에서 어떤 움직임이 느껴지는 경우가 있을 것이다. 이런 순간들을 잘 기억해두었다가 '내가 그때 느꼈던 감정의 종류는 무엇이었을까?' '나는 왜 기쁜/슬픈 기분이 들었을까?' '나는 왜 그렇게 화가 났을까?' '뭐가 두려웠던 걸까?' 같은 질문을 던지는 동안 사건 속 정서적 반응은 핵심 단서로 다뤄진다. 이 과정은 이미 발생했고 눈에 보이는 결과로 인해 우리를 압도하기 쉬운 사건을 나열하는 데 그치지 않고 정서의 뿌리를 파악하게 만들어, 결과적으로 정서인식 명확성을 높인다.

☐ 자주 떠올리는 사건과 그때 느꼈던 감정의 종류는 무엇인가?

☐ 평소 자주 느끼는 감정 세 가지는 무엇인가?

좀 더 구체적으로, '사건' 중심이 아니라 '사건 속 나의 정서적 반응'을 중심으로 이야기를 재구성하는 과정을 살펴볼 수 있다. 가령 부정적인 정서가 느껴지는 순간에도 "아, 이건 내가 예전에 비슷한 상황에서 느꼈던 좌절감과 닮았네. 그땐 사실 좌절감보다는 내 자존심이 상했던 게 더 크게 작용했던 것 같아" 등 과거의 스토리와 연결해 원인을 찾으면서 지금의 내 기분을 더 정확히 해석할 수 있다. 이때의 정서는 '나의 통제 범위 밖에서 갑자기 툭 튀어나오는 것'이 아니라 내 삶에서 정당한 맥락을 가진 현상으로 인식된다. 이는 결국 정서를 관리하고 조절하는 첫걸음이 된다.

세계 대중문화를 이끄는 싱어송라이터 테일러 스위프트야말로 이를 잘 보여주는 사례다. 콘서트 한 번으로 도시 경제를 활성화시키고, 재녹음 앨범만으로 억 달러의 매출을 올리며 '스위프트노믹스'라는 신조어를 탄생시킨 그이지만 그건 결과일 뿐이다. 이런 성과의 핵심은 자신의 감정을 억누르거나 회피하지 않고 마주하며 음악으로 해석해낸 자기확신의 과정에 있다. 그는 "나는 내 감정을 곡으로 써버림으로써 나를 이해한다"고 말했다. 사랑, 분노, 상실, 질투 같은 감정이 찾아올 때마다 그것을 한 편의 이야기로 바꾸는 것이다. "나는 감정에 휘둘리지 않는다. 대신 감정을 관찰한다"는 그의 자가확신은 감정을 인식하고 언어화할 때 비로소 자기 이해가 시작된다는 사실을 보여준다. 정서인식 명확성이란 바로 이런 과정이다. 감정을 들여다보고 자기 언어로 표현해낼 때, 우리는 단순히 감정의 피해자가 아니라 감정의 저자가 된다. 테일러 스위프트의 노래가 수많은 사람들의 감정을 대변하며 인기를 얻는 이유도 여기에 있지 않을까.

서사 정체성이 높은 사람들은 분노, 시기, 질투

같은 부정적 감정을 억누르기보다는 재평가Reappraisal 의 자원으로 삼는다. 감정조절 연구의 권위자인 제임스 그로스James Gross는 부정적 정서를 단순히 억제하는 것만으로는 효과적인 관리가 불가능하며, 이를 새로운 의미로 재평가하는 과정이 필수적이라고 강조한 바 있다.

예컨대 과거에 큰 배신으로 분노를 경험한 사람이 있다. 서사 정체성을 통해 사건을 재구성하는 사람이라면 '내가 그때 그렇게까지 분노한 건 그 사람에게 기대가 컸기 때문'이라는 깨달음에 도달할 수 있다. 이때의 분노는 단순한 파괴적 감정이 아니라 '타인에게 적절한 기대치를 갖는 법, 의사소통의 중요성을 배우게 해준 자원'으로 전환된다. 한편으론 부정적인 감정을 조절하는 데서 나아가 그 감정조차도 '쓸모 있는 경험'으로 전환할 수 있다는 점에서 회복탄력성이 높아진다. 앞서 언급했던 회복탄력성의 기제와 유사하게, 분노 역시 서사 정체성을 통해

결국 인생은 기분 관리야.

— 방송인 최화정

'나의 통제 범위 밖에서 갑자기 툭 튀어나오는 것'이
아니라 내 삶에서 정당한 맥락을 가진 현상으로
인식될 때 감정은 에너지가 된다.

'내가 나아가야 할 방향을 제시해주는 나침반'처럼 활용될 수 있게 되는 셈이다.

우리와 비슷한 이 씨의 사례를 통해 좀 더 구체적으로 살펴보자. 그는 직장 상사의 반복된 언어 폭력으로 회사를 떠난 후에도 분노와 억울함을 떨쳐내지 못했다. 누군가 큰소리라도 치면 등골이 오싹해지고, 순간적으로 과도한 적개심이 끓어오르는 자신을 보며 '나는 왜 이렇게 예민할까?'라며 자책했다. 그러다 스스로 기록하고 상담 전문가의 도움을 받으며, 과거의 트라우마를 자신의 서사 안에서 다시 바라보기로 결심했다. 과거 폭언을 당했던 순간의 감정과 상황을 하나하나 되짚는 게 쉬운 일은 아니었지만, 유의미한 발견도 있었다. '나는 그때 너무 화가 나면서도 위축되었어' '내가 분노를 느낀 건 이상한 게 아니야. 오히려 너무나 정상적인 반응이었지' '그만큼 버틴 것도, 퇴사한 것도 모두 내 존재가 소중하다는 증거야' 등 재구성을 통해 이 씨는 해당 사건을

'지워버려야 할 흑역사'가 아닌 '내가 어떤 마음가짐으로 살아가야 할지 알려준 사건'으로 전환했다.

서사 정체성은 감정을 단순히 억제하거나 무시하는 것이 아니라, 이야기 속 맥락으로 재위치시키는 틀을 제공한다. 이를 통해 우리는 감정을 더 정확히 인식하고, 긍정적인 정서를 증폭시키며, 부정적인 정서를 새로운 의미로 전환할 수 있다. 나아가 감정의 흐름을 통제할 수 없더라도, 그 감정이 내 서사 속에서 어떤 의미를 지니는지 알게 될 때 '나는 나를 이해한다'는 믿음으로, '나는 내 감정을 감당할 수 있다'는 확신으로 이어진다. 이 믿음과 확신이 바로 흔들리지 않는 내면의 힘, 자기확신이 되어줄 것이다.

많은 선택지 앞에서 지쳐 있을 때, 결정 피로 관리

하루에도 수백 번의 판단을 내리는 시대다. 무엇을 먹을지, 누구의 말에 답할지 등 사소한 결정들과 자극들이 우리의 정신 에너지를 조금씩 소모시킨다. 결국 직장인 K씨는 오후 세 시쯤 되면 어떤 결정도 내리기 싫어진다. 커피 한 잔 마실지 말지조차 복잡하게 느껴진다. 뇌가 지쳐서 '거절'이라는 가장 단순한 선택만 반복한다. '다음에요' '나중에 생각해볼게요' '일단 보류하죠.'

이런 패턴은 K씨만의 문제가 아니다. 사회심리학자 샤이 댄지거Shai Danziger와 조너선 레바브Jonathan Levav는 이스라엘 가석방 심사 1,112건을 분석했다. 그 결과, 오전이나 점심 직후에 열린 심리에서는 가석방 허가율이 약 65%였지만, 시간이 지날수록 허가율은 거의 0%에 가까워졌다. 하루 종일 결정을 내린 판사들이 결국 '거절'이라는 가장 단순하고 무난한 선택으로 후퇴한 것이다. 법정의 판사도, 직장인 K씨도, 퇴근 후 편의점 앞에서 과자를 고르는 우리도, 모두 똑같은 메커니즘에 갇힌다.

이건 게으름이 아니다. 결정 피로는 뇌의 전전두엽이 과부하 상태에 접어들면서 생기는 생리적 현상이다. 이 부위는 복잡한 추론과 자제력을 담당하는데, 반복적으로 결정을 내리면 포도당을 빠르게 소모하면서 기능이 약해진다. 우리는 에너지가 떨어지면 생각을 멈추고, 판단을 회피하거나, 눈앞의 유혹에 무너진다. 슈퍼마켓 계산대 앞에 과자와 음료가 놓인 이유도 여기에 있다. 쇼핑하며 수많은 선택을 한 사람들은 계산대에 이를 때쯤 이미 자제력이 고갈되어 있기 때문이다.

그렇다면 해법은 무엇일까. 결정 피로를 막는 가장 확실한 방법은 결정의 수 자체를 줄이는 것이다. 하지만 매번 우리를 자극하는 것들이 넘쳐나는 현실에서 결정을 안 하고 살 수는 없다. 그래서 필요한 건 매번 새로 고민하지 않아도 되는 기준을 미리 세워두는 것이다. 자기확신의 한 문장으로 오늘의 방향을 정해놓으면, 그 순간순간 다시 처음부터 생각할 필요가 없어진다. 예컨대 '메일함은 오전, 오후 한 번씩만 확인한다'라고 하면 자극을 받아 집중력이 흐트러지는 걸 막을 수 있다. 이때의 자기확신은 하루의 판단을 자동화하는 장치다.

자기확신이 작동하는 이유는 단순히 의지를 강화해서가 아니다. 반복되는 고민의 구조 자체를 바꾸기 때문이다. 심리학자 월터 미셸Walter Mischel이 1960년

대 말 스탠퍼드 대학에서 시작한 '마시멜로 테스트'가 이를 잘 보여준다. 4~5세 아이들 앞에 마시멜로 하나를 놓고 제안했다. "지금 먹어도 돼. 하지만 내가 돌아올 때까지 기다리면 두 개를 줄게." 어떤 아이들은 1분도 못 참고 먹어버렸다. 어떤 아이들은 20분 가까이 기다렸다. 그런데 흥미로운 건, 기다림을 견딘 아이들은 의지로 참은 게 아니었다는 점이다. 그들은 마시멜로에서 시선을 돌렸다. 손으로 눈을 가리거나, 노래를 부르거나, 의자를 돌려 뒤를 보거나, 다른 생각으로 주의를 옮겼다.

미셸은 더 나아가 아이들에게 마시멜로를 '맛있는 것'이 아니라 '하얀 솜뭉치' 같은 것으로 상상하라고 했다. 그러자 아이들은 훨씬 더 오래 참을 수 있었다. 욕망을 억누른 것이 아니라 생각의 방향을 바꾸는 것, 미셸은 이를 인지적 거리두기라고 불렀다. 기준 문장도 같은 원리로 작동한다. '오늘 하루는 어떻게 보내지?'라는 막연한 질문 앞에서 매번 고민하는 대신, '나는 오늘 세 번 제안한다'는 미리 정한 틀 안에서 상황을 바라보면 고민의 무게 중심이 바뀐다. 선택의 순간마다 다시 처음부터 판단하지 않고, 이미 정해진 방향을 따라가기만 하면 된다. 결정은 줄고 에너지는 보존된다.

『성공하는 사람들의 7가지 습관』의 저자 스티븐 코비는 "자극과 반응 사이에서 인간은 선택할 자유를 가진다"라고 말했다. 나치 수용소를 겪은 빅터 프랭클의 "상황은 어쩔 수 없지만 태도는 선택할 수 있다"는 통찰에서 영감을 받은 이 말은, 빅터 프랭클만큼 극한 상황은 아니지만 끊임없는 자극 속에 있는 현대의 우리에게도 영감을 준다. 수많은 자극에 자동적으로 반응하지 않을 자유가 우리에게 있기 때문이다. 꼭 지금 그 물건을 사야 할 것만 같은 조급함, 누군가의 말 한 마디, 뜻대로 되지 않는 일, 예기치 못한 상황, 피로와 혼란 속에서 생각이 꼬일 때, 필요한 건 더 많은 결심이 아니라 잠시 거리를 두는 것이다.

우리는 언제나 자동적으로 반응할 수 있지만, 잠시 거리를 두는 순간 선택의 자유를 되찾는다.

이 거리두기가 하루의 태도를 바꾼다면, '통제의 위치'는 삶 전체의 방향을 결정한다. 사회심리학자 줄리언 로터Julian B. Rotter는 1954년 '통제 소재'라는 개념을 발표했다. 이것은 사람들이 인생의 결과를 어디서 통제받는다고 믿는지에 관한 것이다. 내적 통제 소재를 가진 사람은 자신의 행동과 노력이 결과를 만든다고 믿는다. 반면 외적 통제 소재를 가진 사람은 운, 환경, 타인의 힘이 자신의 삶을 좌우한다고 믿는다.

직장인 K씨는 회의가 끝난 뒤 생각한다. '말했어야 했는데. 하지만 상사가 싫어하니까 어쩔 수 없지'라는 생각은 외부에 통제를 둔 것이다. 반면 '말하지 않은 건 내가 확신이 부족했기 때문이야. 다음엔 더 준비해서 명확히 말하자'라고 생각한다면, 통제의 중심이 자신에게 있다. 같은 상황이라도 통제의 방향에 따라 해석이 완전히 달라진다.

연구에 따르면 내적 통제 소재를 가진 사람들은 학업 성취도가 높고, 직업적으로 더 성공하며, 스트레스에 더 잘 대처하고, 우울증 발생률도 낮다. 이건 그들이 더 똑똑해서가 아니다. 판단의 무게를 자기 안에 두기 때문이다. 자기확신을 세우는 행위는 바로 이 통제의 중심을 내면으로 옮기는 과정이다. '상사가 어떻게 반응할까' '분위기가 어떨까' 같은 외부 자극을 기준으로 삼는 게 아니라, '내가 오늘 무엇을 할 것인가'라는 내부 기준을 먼저 세우는 것이다. 세상의 소음 속에서도 판단의 무게를 자기 안에 두는 것. 그 기준이 있을 때, 결정 피로는 줄고 삶은 명료해진다.

그렇다면 실제로 어떻게 이 기준을 세울 수 있을까. K씨는 출근하며 한 문장을 적는다. "나는 오늘 세 번의 명확한 제안을 한다." 모두가 점심 메뉴를 고민할 때, 메신저 창에 뜬 질문에 누구도 대답하지 못할

자극과 반응 사이에서
인간은 선택할 자유를 가진다.

— 스티븐 코비

누군가의 말 한 마디, 뜻대로 되지 않는 일,
예기치 못한 상황, 피로와 혼란 속에서 생각이
꼬일 때, 필요한 건 더 많은 결심이 아니라
잠시 거리를 두는 것이다.
우리는 언제나 자동적으로 반응할 수 있지만,
잠시 거리를 두는 순간 선택의 자유를 되찾는다.

때, 회의에서 발언할 타이밍이 왔을 때, 그 한 문장을 실천한다. 완벽하지 않아도 된다. 그냥 방향만 정하면 된다.

자기확신으로 생각의 초점을 세우는 것은 감정을 없애기 위해서가 아니라, 감정이 나를 끌고 가지 못하도록 방향을 되찾기 위해서다. 결정 피로는 기준 없이 매번 처음부터 고민하는 데서, 불안은 초점의 분산에서, 혼란은 판단의 중심이 외부에 있는 데서 비롯된다. 이 세 가지가 선으로 이어질 때, 한 가지 결론에 도달한다. 확신은 생각을 억지로 줄이는 기술이 아니라, 미리 정한 방향 안에서 생각을 정렬하는 힘이다. 그 방향이 명확할 때, 우리는 비로소 하루를 끌려가지 않고 이끌어갈 수 있다.

'사람은 변하지 않는 걸까' 의문이 들 때, 마인드셋

지금까지는 서사 정체성이 과거 경험을 재구성하며 어떻게 긍정적인 정서적, 심리적 효과를 가져오는지를 다뤘다. 하지만 서사 정체성이 지닌 힘은 단지 '과거를 다시 보는' 데만 그치지 않는다. 그것은 현재를 넘어 미래를 능동적으로 설계하고 개척하는 힘으로도 이어진다.

심리학자로서 많은 사람들에게 "성격은 변할 수 있는가, 아니면 고정적인가"라는 질문을 해왔다. 흥미롭게도 연령대에 따라 답변이 조금씩 달라지는 경향을 보였다. 중고등학교나 대학교에서 심리학 강의를 진행할 때 대부분의 청중인 청소년과 청년층은 '성격은 변할 수 있다'라고 응답했다. 구체적으로는 '어렸을 때는 내성적이었지만 지금은 친구도 많고 꽤 활발하게 지내고 있다'는 어느 학생의 답변이 기억에 남는다. 반면, 30대 이상의 성인들을 대상으로 한 강의에서는 '사람은 잘 안 변한다' '사람 고쳐쓰는 거 아니라더라'처럼 성격은 변하지 않는다고 믿는 사람들이 꽤 있었다.

실제로 성격 혹은 기질은 어느 정도 타고나는 측면이 있다. '내향-외향' '신경 과민-정서 안정' 등 다양한 성격 차원을 설명하는 다수의 연구들이 대부분 성격과 기질적 경향성이 꽤나 안정적으로 유지된다고 이야기한다. 특히 일란성 쌍둥이 사례는 성격의 유전적 기여를 잘 보여주는 대표적인 예시로 자주 언급된다. 일란성 쌍둥이는 동일한 유전자를 공유하기 때문에 그들이 성장한 환경이 다소 달라도 상당히 유사한 성격을 지닌다는 연구 결과가 많다. 이런 연구들은 "선천적으로 물려받은 성격적 특징이 분명 존재한다"는 사실을 뒷받침한다.

하지만 성격이 완전히 고정된 것은 아니다. 학습이나 경험, 환경적 요인 등을 통해 성격의 일정 부분을 보완하고 변화시켰다는 사실도 분명 존재한다. 서사 정체성은 바로 이 지점을 확장시킨다. 우리가 지금껏 해왔던 행동 패턴을 재검토하고, 새롭게 도전해볼 행동 양식을 모색할 수 있기 때문이다. 과거의 이야기 속에서 '변화의 단서'를 찾아내는 순간, 우리는 스스로의 가능성을 다시 발견하게 된다. 일례로 '나는 수줍음이 많았지만, 중학교 때 나름 용기를 내서 교내 발표대회에 나간 적이 있었지' '대학 시절 친목 모임에서 내가 슬쩍 분위기를 주도했던 기억도 있네' 등 미처 내 삶에서 큰 비중을 두지 않고 지나쳤던 사건들을 스토리로 다시 엮어보면서 자신도 몰랐

낙관주의는 성취로 이끄는 믿음이다.

희망과 확신 없이는

아무것도 이룰 수 없다.

— 헬렌 켈러

과거의 이야기 속에서
'변화의 단서'를 찾아내는 순간,
우리는 스스로의 가능성을 다시 발견하게 된다.

던 새로운 면모를 깨닫는 것이다. 이는 자연스럽게 '앞으로도 도전해볼 만하다'라는 자기확신으로 이어지기도 한다.

실제로 연구에 따르면, 서사 정체성을 통해 '변화를 경험했던 순간'을 떠올린 사람들은 새로운 환경에 더 적극적으로 뛰어드는 경향이 있다. 심리학자 찰스 카버Charles S. Carver와 마이클 샤이어Michael Scheier는 이러한 자기 서사의 재구성을 자기조절Self-regulation과 연결해 설명하며, 서사 재구성이 미래의 목표 달성에 큰 역할을 한다고 설명했다.

이 과정은 심리학자 마틴 셀리그만Martin Seligman이 제시한 학습된 낙관주의Learned Optimism 개념과도 맞닿아 있다. 학습된 낙관주의란, 부정적인 사건이나 실패를 '불가항력적인 불운'으로만 해석하지 않고, '이 문제를 해결하기 위해 내가 시도할 수 있는 건 무엇일까?' '앞으로 어떻게 대응해야 할까?' 같은 방식으로 능동적으로 의미를 부여하는 과정을 말한다. 즉,

낙관주의가 타고난 성격이나 기질이 아니라 학습과 훈련을 통해 형성되는 '사고 습관'임을 강조한다. 서사 정체성이 높은 사람들은 학습된 낙관주의를 자연스럽게 체화해 어떤 어려운 상황도 학습과 성장의 발판으로 삼는다. 궁극적으로 자신의 삶이 외부 환경이나 타인에 의해 일방적으로 결정되는 것이 아니라 '내가 부여한 의미와 행동에 따라 얼마든지 새로운 국면을 맞이할 수 있다'고 믿는다. 이러한 믿음은 작은 습관부터 대범한 인생 계획까지 일상을 더욱 능동적으로 재배치Rearrangement하는 강력한 원동력이다.

마지막으로 심리학자 캐럴 드웩Carol S. Dweck의 성장 마인드셋Growth Mindset도 챙겨봐야 한다. 이는 실패나 난관을 '아직 배우지 못한 상태'로 정의하고, 노력과 학습을 통해 능력을 발전시킬 수 있다고 보는 태도다. 이를 서사 정체성의 관점에서 보면 중요한 것은 실패 자체가 아니라 그 실패가 '이후 어떤 이야기를 만들어냈는지'이다. '그 실패로 인해 완전히 의욕을 잃었다'로 끝나는 이야기는 그저 비극일 뿐이지만 '그 사건 덕분에 새로운 역량을 발굴할 수 있었다'라는 식으로 재해석하는 습관은 실패를 성장의 토대로 바꿔놓는다.

"나는 절대 지지 않는다. 이기거나 배우거나, 둘 중 하나다." 세계 인권운동과 민주화를 상징하는 넬슨 만델라 전 남아프리카공화국 대통령의 말이다. 그는 실패를 두려워하지 않는 사람의 전형이었다. 27년간의 수감 생활 동안 그는 매일 책을 읽고, 동료들과 토론하고, 자신을 단련했다. 그에게 실패는 손실이 아니라 학습의 과정이었다. '승리 아니면 패배'라는 이분법적 사고 대신 '승리 아니면 성장'이라는 태도로 세상을 바라보고, 이 자기확신이 그를 무너뜨리지 않고 변화시켰다. 감옥에서 배운 인내, 분노를 이해로 바꾸는 법, 끊임없이 자신을 훈련시키는 습관이 결국 그를 남아프리카공화국의 첫 흑인 대통령으로 이끌었다. 그에게서 볼 수 있는 성장 마인드셋은 결국 실패를 경험하지 않는 것이 아니라 실패 속에서도 미래를 배우는 사람으로 남는 것이다. 그는 실패 속에서도 배우는 사람이었다.

이러한 자기확신은 그 자체로 미래를 구상하는 동기부여가 된다. 심리학자 헤이즐 로즈 마커스Hazel Rose Markus와 폴라 누리우스Paula Nurius는 미래의 자기상Possible Selves에 대한 연구에서, 사람들이 자신의 미래 모습을 어떤 식으로 그려내느냐가 실제 행동과 정서적 건강에 중요한 영향을 미친다고 보고했다. 이 연구를 기반으로 볼 때, 서사 정체성이 강화된 사람이라면 '5년 뒤 나는 어떤 모습일까?'라는 질문에 훨씬 구체적이고 의미 있는 시나리오를 그려내며, 이를 바탕으로 목표와 행동 계획을 수립할 수 있다. 예를 들어 '5년 뒤 이 분야의 전문가로 자리 잡고 싶다. 그러려면 어떤 스킬이 더 필요할까?' '내 성장 과정을 정리해두면 나중에는 이 경험을 다른 사람들과도 나눌 수 있겠지?' 같은 생각을 연쇄적으로 떠올리고 정리하는 식이다. 작은 습관에서부터 인생 계획까지 삶을 능동적으로 재배치하려는 동기부여를 여기서 얻는 것이다.

- ☐ 지금 바꾸고 싶은 습관이나 태도는 무엇인가?
- ☐ 최근에 행동으로 옮긴 결심은 무엇이고, 실천할 수 있었던 계기는 무엇인가?
- ☐ 작심삼일로 끝난 일이 있다면, 그 이유는 무엇인가?

결국 서사 정체성은 과거의 한계를 재평가하고 미래를 향한 새로운 가능성을 열어준다. 그것은 성격이라는 고정된 틀을 넘어 '나는 변화할 수 있는 사람'이라는 믿음을 강화하며, 실패와 좌절을 성장의 자원으로 전환시킨다. 그 결과 우리는 삶을 외부가 아닌 스스로의 의미 부여와 선택으로 만들어간다는 확신을 갖게 된다. 그 과정에서 우리는 또다시 '성장'과 '도전'의 순간들을 스토리에 새겨 넣게 되고, 이는 곧 서사 정체성을 더욱 공고하게 만들어주는 순환 고리를 형성한다.

  이 선순환에 한 번 들어서면 우리는 과거와 현재, 그리고 미래를 하나의 연속된 무대로 바라보게 된다. 어떤 사람들은 이를 두고 '삶을 스스로 감독하고 연출한다'고 표현하기도 하는데, 이 책 서두에서 본 브이로그나 〈인간극장〉처럼 우리 역시 매일의 순간을 기록하고 편집하며 자신만의 이야기를 만들어 간다. 결국 삶은 주어진 것이 아니라 내가 어떤 의미를 부여하느냐에 따라 새롭게 연출되는 작품이다.

써야 기억되고,
보여야 믿게 된다

서사 정체성을 구축하며 자기확신하는 과정은 삶을 깊이 이해하고 성장하는 데 도움이 된다. 실제로 심리학자들은 일기나 수필을 통해 자신의 경험을 기록하고 그 안에서 의미를 발견하는 작업을 권장해왔다. 충분한 시간을 들여 과거의 사건을 떠올리고 사건들 간의 연관성을 찾아내는 과정은 긴 명상 끝에 도끼처럼 찾아오는 깨달음과 같다. 수많은 연구자들이 참가자들에게 부러 종이와 펜을 제공해 인생의 전환점과 가치에 대해 쓰도록 안내하는 이유도 바로 여기에 있다. 기록을 넘어 정제된 형태로 표현하고 지속적으로 반추하며 꾸준히 돌아봐야, 의미 있는 발견이 가능하다.

자신의 사상, 경험, 노하우, 통찰, 의미를 집약해 간결한 한 줄로 압축하면 발생하는 몇 가지 장점이 있다. 첫째, 지속적이고 긍정적인 영향력을 발휘하는 면에서 실용적이다. 기록에 담긴 의미는 시간이 갈수록 희미해질 수 있지만, 짧은 문장은 매일 되새길 수 있는 강력한 긍정적 신호가 된다. 둘째, 가공과 활용이 용이하다는 장점도 있다. 인쇄해서 벽에 붙이거나 액자에 담거나 컴퓨터 배경화면이나 휴대전화의 잠금화면으로 설정할 수 있다. 엽서나 포스트잇처럼 손쉽게 변주 가능한 물건을 활용할 수도 있다. 이러한 다양한 방식을 통해 서사 정체성은 일상 속에서 반복적으로 접하는 심리적 자극이 된다.

심리학자 새뮤얼 고슬링Samual Gosling은 자신의 정체성이 담긴 물건을 침실, 사무실 등 일상에서 자주 활용하는 공간에 배치하는 전략을 통해 긍정적인 자기가치 확인Self-affirmation을 유도할 수 있다고 설명한 바 있다. 그에 따르면 우리가 공간에 놓아둔 다양한 소품에는 '나는 누구인가'를 드러내주는 정체성 표지들과 욕망들이 숨어있다고 한다. 그래서 특정 공간에 놓인 여러 소품을 통해 공간 주인의 성격이나 습관 등을 추론하는 스누핑Snooping 기법이 가능한 것이기도 하다. 흥미로운 점은 심리학적으로 볼 때 사람은 자신의 기호나 가치관, 정체성 등에 따라 원하는 물건을 소비하고 배치하기도 하지만, 반대로 정체성을 형성하고 강화하는 도구로 활용한다는 사실이다.

심리학자 대릴 벰Daryl Bem의 자기지각 이론Self-perception Theory은 이 과정을 잘 설명한다. 우리는 흔히 '심성이 착해서 봉사 활동을 한다(착한 심성 → 봉사 활동)'라고 생각하지만 실제로는 그 반대도 가능하다. 반복해서 봉사 활동을 하다 보면 '나는 봉사 활동을 중요하게 여기는 사람'이라는 태도가 형성되면서 정체성으로도 자리 잡을 수 있다. 사람은 자기 자신의 행동을 무의식적 혹은 의식적으로 관찰하면서 특정 대상에 대한 태도를 만들어내기도 한다. 일례로 뱀의 다른 실험에서는 참가자들에게 이어폰 성능 시험을 한다고 속인 뒤 고개를 '위아래로 끄덕이게' 혹은 '좌우로 흔들게' 유도했다. 그러고 나서 특정 메시지를 접하게 했을 때, 고개를 위아래로 끄덕인 참가자들은 메시지에 좀 더 호의적인 태도를 보였다.

이 원리는 일상에서도 쉽게 발견된다. 처음엔 관심 없던 케이팝 영상을 플랫폼 알고리즘을 통해 반복적으로 접하다 보면 '생각보다 관심이 있었다'는 태도가 생기기도 하고, 다른 사람 손에 이끌려 환경보호 캠페인에 참여하다 보면 '환경은 정말 중요한 가치'라는 신념이 형성되기도 한다. 즉, 태도가 행동을 이끌 뿐 아니라 행동이 태도를 만들어내기도 한다. 이 원리를 잘 이용하면 우리는 '일상의 큐레이

우리는 반복적으로 행하는 그 자체다.
그러므로 탁월함은 행동이 아니라
습관이다.

— 윌 듀런트

일상 속에서 반복적으로 접하는 자기확신은
행동을 유도하고 다시 태도를 강화하는
순환 구조를 만든다.

팅'(행동) 작업을 통해 (서사) 정체성을 계속 발전시킬 수 있다.

『타이탄의 도구들』과 『지금 하지 않으면 언제 하겠는가』의 저자 팀 페리스는 자신의 인생이 하나의 실험실이라는 듯 그 원리를 현실로 이뤄낸 인물이다. 그는 "기록하지 않으면 개선할 수 없다"고 말하며, 하루의 시작과 끝을 '저널링'으로 열고 닫는다. 아침에는 오늘의 우선순위를 쓰고 저녁에는 하루 동안 배운 것을 짧게 적는다. 단순한 습관 같지만 이 작은 기록이 행동을 정렬시키고, 의미 없는 반복을 줄이는 기준이 된다. 페리스에게 변화란 결심이 아니라 데이터처럼 쌓인 기록을 근거로 조정해가는 과정인 셈이다. 그는 "무엇을 바꿀 수 있는지는, 무엇을 들여다보느냐로 결정된다"고 말한다. 자신의 서사 정체성을 반영한 한 줄을 일상 가까이에 배치하는 일은 우리의 행동을 유도하고 다시 태도를 강화하는 순환 구조를 만든다.

여기에 또 하나 중요한 이점이 있다. 바로 공유의 힘을 활용할 수 있다는 점이다. 한 줄로 집약된 서사 정체성은 타인에게 쉽게 나눌 수 있다. 타인에게 '말로 꺼내는 행위'가 우리의 행동을 바꾸는 데 기여하기도 한다. 목표를 세웠을 때 혼자만 알고 있으면 흐지부지되기 쉽지만, 주변에 알리고 공유하는 순간 그 약속은 훨씬 더 강력한 구속력을 갖는다. 말한 대로 행동하려는 심리적 동기가 생기고, 때로는 같은 목적을 가진 사람들과 연결되며 지속적인 자극과 격려도 받을 수 있다. 결국 나의 '한 줄 선언'을 공유하는 일은 단순히 말하는 일이 아니라, 스스로에게 다짐하고 세상과 약속하는 일이다. 자기확신은 그렇게 말에서 행동으로, 행동에서 삶으로 완성된다.

# 3장

집중_
흩어진 마음을
한 줄로,
자기확신 쓰는 법

1단계. 해석하라,
기록에서 단서를 찾는 관점 3

서사 정체성을 탐구하기 위한 첫걸음은 자신의 인생 서사를 있는 그대로 수집하는 것이다. 지금까지 살아오면서 겪은 중요한 사건들을 떠올려 기록해보자. 일기장에 손글씨로 적든, 워드 파일에 정리하든, 어떤 방식이든 상관없다. 중요한 것은 과거의 자신을 찬찬히 되돌아보며 크고 작은 변곡점들을 놓치지 않고 담아내는 일이다. 잘 쓰려는 부담은 내려놓아도 좋다. 오히려 솔직하고 자유롭게 적어 내려가는 것이 이후에 자신의 욕구, 감정, 의미를 발견하는 데 더 큰 도움이 된다.

대기업 마케팅 부서에서 일하는 30대 K씨도 처음에는 막막했다. '중요한 사건이라고 할 만한 게 있나?' 싶었다. 10년째 같은 회사를 다니며 승진도 했지만, 요즘 들어 일에서 의미를 찾지 못하고 '그냥 월급받으러 다니는 것 같다'는 공허함에 시달리던 그는 퇴사를 고민했지만 가족을 생각하면 쉽게 결단을 내릴 수 없었다. 자신이 진짜 원하는 게 무엇인지 알고 싶어서 서사 정체성 작업을 시작했지만, 첫 일주일은 노트를 펼쳐놓고도 "이런 게 중요한 사건인가?" 싶어서 쓰다가 지우기를 반복했다.

하지만 한 달간 매일 저녁 30분씩 시간을 내어 떠오르는 대로 적어가자 조금씩 기억이 쌓였다. 초등학교 5학년 때 반장 선거에서 떨어졌던 일, 중학교 때 미술 대회에서 상을 받았던 순간, 고3 수능 실패와 재수 결정, 대학교 동아리 MT에서 사회자를 맡으며 느꼈던 뿌듯함, 군대 전역 후 계획 없이 떠난 동남아 배낭여행, 첫 직장에서 기획서가 채택되었던 날, 결혼 준비 중 배우자와 '완벽하게 준비하고 싶다'는 말로 크게 싸웠던 기억, 첫째 아이를 안았을 때 느낀 책임감과 두려움, 작년에 3개월 준비한 프로젝트가 무산되며 무너졌던 순간까지. 처음엔 관련 없어 보이던 이 파편들이 노트에 쌓이기 시작했다.

그러던 어느 날 또 한 번 배우자가 "그 정도면 됐어. 꼭 다 완벽할 수는 없어"라고 말했을 때, K씨는 문득 예전 기억들이 연결되기 시작하는 걸 느꼈다. 수능 실패, 결혼 준비하며 했던 싸움, 프로젝트 좌초… 모두 '완벽하게 하고 싶었지만 안 되었던' 순간들이라고 인지하고 나니 또 다른 기억들이 물밀듯 쏟아졌다. 시간 순서도 뒤죽박죽이었지만 일단 적었다. 이 혼란스러운 기록이 나중에 패턴을 발견하는 열쇠가 될 줄은 그때 몰랐다.

서사 정체성을 연구하는 심리학자들은 일기장이

든, 자기고백적인 인터뷰나 독백이든, 인생 서사가 담긴 다양한 텍스트들을 수집한다. 그리고 이를 과학적으로 정립된 분석 기술에 따라 그 사람에 관한 다양한 심층적인 정보를 이끌어낸다. 심리학자들은 사람들의 인생 서사 속에서 무엇에 주목하고 있을까? 서사 정체성을 분석하는 관점으로서 동기적, 정서적, 통합적 의미 주제를 차례로 다뤄보려 한다. 심리학자의 방법을 통해 자신의 서사에서 반복되는 욕망과 감정 그리고 그것들이 만들어낸 삶의 의미를 찾아낼 수 있다.

심리학자가 사람들의 인생 서사를 분석할 때 사용하는 세 가지 관점 중 첫째는 동기적 주제Motivational Themes다. 인생 서사에는 필연적으로 목표, 가치, 열망 등이 배어 있다. '나는 과거에 무엇을 이루고 싶었는가' '무엇을 간절히 원했는가' 등 여러 질문을 던져보면, 자신의 삶을 관통해온 욕망의 흔적이 드러난다. 지나온 시간을 돌아볼 때, 꾸준히 반복적으로 나타나는 소망이 있다면 그것은 자신의 서사 정체성에서 빼놓을 수 없는 핵심 요소다.

K씨는 자신의 기록을 세 가지 색깔 펜으로 분류했다. 파란색은 욕구나 동기가 드러난 부분, 빨간색은 강한 감정이 느껴진 부분, 초록색은 깨달음이나 교훈을 표시했다. 파란색으로 표시한 부분을 모아보니 반복되는 패턴이 보였다. '준비를 많이 했는데'라는 표현이 반장 선거 이야기에 나오고, '완벽하게 준비하고 싶다'는 말이 결혼 준비 때 나오고, '3개월 준비한'이 프로젝트 실패 기록에 등장했다. 반면 '계획 없이 떠났는데 그게 오히려'라는 배낭여행 기록만 유독 달랐다. K씨는 깨달았다. "나는 항상 '완벽한 준비'를 추구해왔구나. 하지만 정작 즐거웠던 순간은 계획 없이 즉흥적으로 행동했을 때였어."

둘째는 정서적 주제Affective Themes다. 평소 '내가 과거에 어떤 일이 있었냐면'을 서두로 한창 장황하게 이야기를 늘어놓던 사람도 마지막에는 '그때 참 즐거웠는데'라며 마무리하는 모습을 자주 볼 수 있다. 이처럼 우리는 사건을 단순한 사실로만 기억하지 않는다. 언제나 '감정의 꼬리표'를 함께 붙여 저장한다. 대학 합격은 기쁨, 친구와의 다툼은 분노, 사랑하는 이의 입원은 걱정, 시험기간은 절망 같은 식이고, 여러 감정이 복합적으로 따라오기도 한다.

K씨가 빨간색 형광펜으로 표시한 부분을 보니 주로 두 가지 감정이 교차했다. 억울함과 좌절은 반장 선거 실패, 수능 실패, 프로젝트 무산 같은 사건에 붙어 있었다. 반면 뿌듯함과 자유로움은 미술 대회, MT 행사 진행, 배낭여행, 첫 기획서 채택에 달려 있었다. 흥미롭게도 억울함은 '준비했는데 안 됐을 때', 뿌듯함은 '준비 없이 자연스럽게 했을 때' 느꼈다는 공통점이 있었다. K씨는 노트 여백에 메모했다. '내가 느끼는 좌절의 근원 = 과도한 준비와 통제 욕구? 진짜 행복했던 순간 = 통제를 내려놓았을 때?'

이렇게 부착된 감정 꼬리표는 나중에 기억을 불

러울 때 중요한 색인Index의 역할을 한다. '즐거웠던 일' '괴로웠던 일' '허망했던 일'과 같이 감정을 기준으로 사건들을 분류해두기 때문에, 과거를 돌아볼 때 우리는 감정을 통로 삼아 사건들을 꺼내오게 된다. 따라서 자신의 인생 서사를 정리할 때는 '내 기록 중에서 감정이 차지하는 비중은 얼마나 되는가?' '나는 주로 어떤 종류의 감정을 자주 경험했는가?' '나는 발생한 감정을 깊이 들여다보는가 흘려보내는가?' '내가 감정적으로 행동했던 사건은 무엇인가?' '내가 중요하게 생각하는 감정 경험은 무엇인가?' 등 자신에게 가장 큰 영향을 남긴 감정은 무엇이었는지 곱씹어 보는 것이 중요하다.

- ☐ 나는 과거에 무엇을 이루고 싶었는가?
- ☐ 내가 감정적으로 행동했던 사건은 무엇인가?
- ☐ 내 기록 중에서 각 감정이 차지하는 비중은 얼마나 되는가?

서사 정체성을 분석할 때 유용한 마지막 관점은 통합적 의미 주제Themes of Integrative Meaning이다. 앞서 동기적 주제와 정서적 주제를 살펴보면서 자신의 인생 서사가 어떤 욕망과 필요, 감정을 중심으로 흘러왔는지 어느 정도 파악했다면 이제는 그 모든 조각들을 하나의 '전체 그림'으로 묶어낼 필요가 있다. 여기서 제시하는 통합적 의미 주제는 말 그대로 '인생 경험을 어떻게 재해석하고, 어떤 깨달음과 가치를 부여하며, 궁극적으로 어떤 통합된 서사를 만들어내는가', 즉 인생의 사건들을 하나의 줄기로 묶어내는 과정이다. 개별 사건들은 그 자체로 단순한 경험일 수 있다. 하지만 그 속에서 어떤 교훈을 발견했는지, 그것이 삶 전체와 어떻게 연결되었는지 탐색할 때 우리는 더 큰 그림을 볼 수 있다.

K씨는 초록색으로 표시하며 각 사건이 자신에게 준 가르침을 적었다. 반장 선거는 '모든 걸 통제할 순 없다는 걸 처음 배운' 순간이었고, 배낭여행은 '계획

없음이 주는 자유를 맛본' 경험이었다. 아내와의 싸움에서는 '내 완벽주의가 타인을 지치게 할 수 있다는 걸 알았고', 프로젝트 실패는 '실패해도 세상은 끝나지 않는다. 팀원들은 여전히 날 믿어줬다'는 깨달음을 주었다. 이 사건들을 시간 순서가 아니라 의미로 엮어보니 하나의 패턴이 드러났다. K씨는 노트에 크게 썼다. '나는 실패가 두려워 모든 것을 통제하려 했다. 하지만 진짜 의미 있는 순간들은 통제를 내려놓았을 때 찾아왔다. 삶은 완벽한 계획이 아니라 유연한 대응에 있다.'

통합적 의미 주제를 엮는 데 도움이 될 만한 핵심 질문 세 가지를 꼽을 수 있다. 첫 번째 질문은 '이 사건이 나에게 어떤 가르침을 주었는가?'이다. 어떤 사건이든 그저 '있었던 일'로만 간주하면 그것은 사실 혹은 정보일 뿐이다. 동일한 사건도 그 안에 숨겨진 가르침을 찾고 이것이 이후 삶의 선택에 중요한 영향을 미쳤다면, 비로소 그 사건은 자신의 인생에서 의미 있는 요소가 된다. '당시 친구에게서 크게 배신당했던 경험이 나중에 인간 관계에 어떤 긍정적 혹은 부정적 지혜를 주었는가?' '사업에 실패한 경험이 다시 시도하게 만든 원동력이었나, 아니면 오랫동안 두려움을 갖게 만드는 요인이 되었나?'처럼 자신의 구체적인 경험을 바탕으로 질문을 던질 때, 자신만의 의미를 찾을 수 있다.

두 번째 질문은 '내 인생에서 반복되는 패턴 혹은 스토리 라인은 무엇인가?'이다. '사람은 같은 실수를 반복한다'는 말을 들어본 적 있을 것이다. 꼭 실수로 한정하지 않더라도 특정한 유형 혹은 감정이 되풀이되는 경우는 생각보다 많다. 예컨대 '나는 왜 사람들과 협업할 때마다 늘 최종 단계에서 틀어질까?' '내 연애의 끝은 왜 항상 유사할까?' 같은 의문은 우리 일상에서 흔히 볼 수 있다. 이런 패턴을 깨닫는 순간 그동안 무심코 지나쳤던 삶의 '숨은 설계도'가 슬며시 드러난다.

세 번째 질문은 '이 패턴과 깨달음을 통해 나는 앞으로 어떤 길을 가려고 하는가?'이다. 통합적 의미 주제를 확립하려면 단순히 과거를 분석하는 데서 끝나지 않고, 그 깨달음을 바탕으로 미래를 어떻게 설계할 것인지를 고민해야 한다. 구체적으로는 '지금까지 내 인생 전반을 통틀어 가장 소중히 여겼던 가치는 무엇이었나?' '지금 나에게 새로 생긴 목표나 삶의 방향성은 무엇인가?' '내 인생 스토리를 통합하면 어떤 결론이 나오고, 그 결론이 앞으로 내 행동과 삶의 태도에 어떻게 영향을 미칠 것인가?'와 같은 질문이 대표적이다. 과거, 현재, 미래가 서로 이어질 때, 흩어진 사건들은 비로소 하나의 통합적 서사로 자리 잡는다.

- ☐ 내 인생에서 반복되는 패턴 혹은 스토리라인은 무엇인가?
- ☐ 지금까지 내 인생 전반을 통틀어 가장

소중히 여겼던 가치는 무엇인가?
- ☐ 지금 나에게 새로 생긴 목표나 삶의 방향성은 무엇인가?

지금까지 살펴보았던 동기적 주제, 정서적 주제, 통합적 의미 주제가 어떻게 이어지는지를 구체적인 사례를 통해 살펴보자. 김 씨가 적어본 인생의 주요 사건은 어린 시절의 잦은 이사, 고등학생 시절 교환학생 경험, 졸업 후 여러 직장을 전전하다가 결국 지역 사회 봉사 활동 조직에 정착한 일이다. 이 사건들을 묶어 보면 '이동'이라는 공통점을 발견할 수 있는데, 이 과정에서 정서적 경험도 자연스레 떠올랐다. 이사 과정에서 반복된 외로움, 해외 유학의 설렘과 두려움, 봉사 활동에서의 행복감 모두 경험에 붙여진 감정의 꼬리표였다. 이러한 경험과 감정을 토대로 김 씨는 "끊임없는 이동 속에서도 사람 간의 연대와 유대를 통해 진정한 집을 만들 수 있다는 것을 깨달았다. 앞으로도 '함께'라는 가치만 확실히 지킨다면 어디서든 집을 발견할 수 있을 것이다"라는 통합적 의미에 도달할 수 있었다.

또 다른 예로, 박 씨는 가족 중 한 사람이 큰 병에 걸려 간호해야 했던 경험, 의료봉사 동아리 활동, 의료인으로 진로를 선택한 과정, 그 과정에서 받은 칭찬과 지지를 떠올렸다. 사건들을 연결해 보니 '타인을 돌보는 역할'이 반복적으로 등장하는 것을 알 수 있었다. 그러한 역할을 맡을 때마다 박 씨는 무력감과 좌절뿐만 아니라 봉사 과정에서 느낀 기쁨과 확신, 혼란 속에서도 떠오른 희망 같은 감정도 또렷하게 기억하고 있었다. 이런 경험들을 하나로 묶어 그는 '나는 타인을 돕는 순간 가장 진실한 나를 경험한다. 앞으로도 내가 가진 능력을 타인을 위해 사용할 수 있다면 설령 힘들지라도 그 길을 택하겠다'는 삶의 의미를 발견할 수 있었다.

이처럼 인생 사건을 자유롭게 기록하고, 그 가운

무의식을 의식으로 만들지 않으면,
그것이 당신의 삶을 지배하고
당신은 그것을 운명이라 부를 것이다.

— 칼 구스타프 융

간절한 소망, 자주 느끼는 감정,
반복되는 행동 패턴을 깨닫는 순간
내 삶의 '숨은 설계도'가 슬며시 드러난다.

데서 드러나는 동기·정서·의미를 차근차근 탐구하다 보면, 흩어져 있던 경험들이 하나의 줄기로 이어진다. 이 과정은 서사 정체성을 발견하는 첫걸음이며, 자신의 삶을 하나로 엮는 기초가 된다.

2단계. 드러내라,
공백 속에 숨은 터닝 포인트

서사 정체성을 탐구할 때는 '무엇을 이야기하느냐' 뿐만 아니라 '어떻게 이야기하느냐'도 중요하다. 심리학자들은 앞서 본 세 관점에 더해 개인의 인생 서사를 진술한 내용을 분석할 때 구조적 요소Structural Elements를 고려하는 것 역시 중요한 통찰을 이끌어낼 수 있다고 설명한다. 심리학자들이 구조적 요소에 주목하는 이유는 이야기의 형식과 구조가 곧 화자의 내면 세계를 반영하기 때문이다.

예를 들어 똑같은 사건을 서술하더라도 앞뒤가 맞지 않거나 시간적 순서가 뒤죽박죽이거나 핵심 연결 고리가 빠져 있다면, 그 사람은 자신에게 일어난 그 사건을 아직 완전히 소화하지 못했거나 감정적으로 정리가 덜 된 상태일 가능성이 높다. 논리적 흐름이 일관되고, 사건에 대한 기술이 충분하고, 사건 간 인과 관계나 감정의 전환이 잘 드러나는 이야기는 한 개인이 자신의 삶을 좀 더 통합적이고 체계적으로 이해하고 있음을 시사한다. 인생 서사를 어떤 구조로 풀어내느냐는 단순한 표현 습관이 아니라, 자신의 삶을 얼마나 깊이 이해하고 있는지를 반영하는 중요한 지표다. 이야기를 분석할 때 내용뿐 아니라 구조에도 주목해야 하는 이유가 여기에 있다.

K씨도 자신의 기록을 다시 읽으며 이상한 점을 발견했다. 시간 순으로 정리하자 어떤 부분은 자세한데 어떤 부분은 텅 비어 있었다. 특히 배낭여행 이후부터 결혼 전까지 약 5년의 기간이 거의 공백이었다.

'그때는 그냥 직장 다녔지, 뭐'라고 치부했지만, 상담자는 그 공백에 주목하라고 조언했다. "가장 자유로웠던 배낭여행과 완벽주의가 극심해진 결혼 준비 사이, 그 5년 동안 무슨 일이 있었나요?"

구조적 요소 가운데 가장 먼저 살펴볼 것은 이야기의 일관성으로, 전개의 앞뒤가 맞고 조화롭게 이어지는 상태를 말한다. 심리학자들은 이를 시간적 일관성과 주제적 일관성으로 구분한다. 먼저 시간적 일관성은 말 그대로, 사건이 실제 일어난 순서대로 기술되어 있는지를 보는 것이다. 'A 사건 이후에 B 사건이 있었고, 그 결과 지금의 내가 되었다'라는 식으로 과거에서 현재, 미래로 자연스럽게 이어진다면 시간적 일관성이 높은 편이다. 주제적 일관성은 사건들이 어떤 주제로 연결되는지를 보는 것이다.

인생의 사건들은 독립적으로 일어나기보다 앞선 사건이 이후의 선택과 경험에 영향을 미치는 경우가 많다. 예를 들면 고등학교 시절에 겪은 어떤 좌절이 대학 전공 선택에 영향을 미치고, 그 전공이 다시 진로 결정으로 이어지는 식이다. 중요한 것은 이런 연결 고리를 충분히 설명하고 있느냐 하는 점이다. 갑자기 다른 사건으로 넘어가면서도 그 이유가 설명되지 않는다면, 주제적 일관성이 떨어진다. 이는 자기 삶에서의 내적 고리를 아직 찾지 못했거나 감정적으로 회피하는 부분이 남아 있음을 추측할 수 있다.

K씨는 며칠간 그 5년의 공백을 채우려 애썼다. 처음엔 '출근하고 야근하고 주말에 쉬고…' 같은 반복만 떠올랐지만, 계속 파고들자 중요한 기억이 하나 떠올랐다. 입사 2년 차 때 아버지가 뜻하지 않게 회사를 떠나게 되셨다. 그날 저녁 아버지는 소주잔을 기울이며 "더 완벽했어야 했는데"라고 중얼거리셨다. K씨는 그때 무의식적으로 결심했던 것 같다. '나는 절대 그렇게 되지 않겠어. 완벽하게 준비하고, 완벽하게 일하면 버려지지 않을 거야.' 배낭여행에서 배운 자유는 그렇게 다시 통제로 바뀌었다. 공백은

사실 전환점이었던 것이다.

이처럼 아직 이야기되지 못한 공백은 일관성을 살피면서 특히 주목해야 할 부분이다. 공백이나 단절된 서술을 발견하는 것이 중요한 이유는, 바로 그 지점이 새로운 통찰로 이어질 수 있는 출발점이기 때문이다. 심리 상담이나 자기 성찰 작업을 할 때 이 공백 지점을 파고들어 '왜 그 부분에서 이야기가 끊어졌을까?' '당시 어떤 감정이 있었는데 잘 다루지 못했을까?' '왜 그 사건을 별것 아니라고 치부하려고 했을까?'를 탐색하다 보면, 자기도 몰랐던 진짜 마음이 드러나고, 인생 스토리를 더 온전하게 통합해볼 수 있다.

바로 이 대목에서 활용할 수 있는 방법이 내러티브 재저작Narrative Re-authoring이다. 기존의 파편적이거나 단조로운 이야기를 다시 쓰면서, 그 안에 숨어 있던 감정과 의미를 찾아내는 작업이다. 먼저 문제를 나 자신과 동일시하지 않고 별개의 대상으로 바라보는 모든 것에는 금이 가 있다.

그 틈으로 빛이 들어온다.

— 레너드 코헨의 〈Anthem〉 가사 중에서

자신도 몰랐던 진짜 마음, 회피해왔던 감정이나
결핍 등 아직 이야기되지 못한 공백이나 단절을
마주할 때 내 삶에 대한 더 깊은 통찰을 얻을 수 있다.

것에서 출발한다. 예컨대 '나는 게으르다'가 아니라 '게으름이라는 문제가 내 삶에 자꾸 끼어든다'라고 표현하는 순간, 문제와 나 사이에 거리가 생기고 새로운 관점이 열린다. '대학교 시절은 그냥 놀기만 했다'라고 치부했던 경험을 다시 거리를 두고 돌아보면, 당시 느꼈던 자유와 해방감이 지금의 나를 움직이는 힘이 되었다는 사실을 깨닫는 식이다. 또는 '그때 부모님과 크게 다퉜지만 별일 아니었다'라고 넘겼던 사건을 다시 써 내려가면서 독립심을 키운 계기였다거나 마음에 남아 있는 뿌리 깊은 상처를 알아차릴 수도 있다. 그냥 흘려보냈던 과거의 경험을 현재와 연결해 다시 써 내려가면, 새로운 줄거리가 생긴다. 내러티브 재저작은 공백을 단순한 결핍으로 남겨두지 않고, 그 속에서 다시 의미를 길어 올려 자기 삶을 풍부하게 통합하도록 돕는다.

K씨는 이 작업을 통해 자신의 완벽주의가 단순히 성격이 아니라 아버지의 경험을 통해 학습된 생

존 전략이었음을 깨달았다. 그는 일기장에 썼다. '아버지를 실망시키지 않으려고, 아버지처럼 되지 않으려고, 나는 스스로를 채찍질했다. 하지만 그 채찍은 나를 안전하게 만들어주지 못했다. 오히려 나를 지치게 했고, 주변 사람들도 지치게 만들었다. 이제는 다른 방식이 필요하다. 아버지의 두려움이 아니라, 배낭여행에서 배운 나만의 지혜로 살고 싶다.' 이것이 내러티브 재저작의 힘이다. 문제를 외부화하고, 공백을 채우고, 새로운 의미를 부여하면서 K씨는 자신의 이야기를 다시 쓰기 시작했다.

두 번째로 살펴볼 구조적 요소는 시간적 순서와 전개 방식이다. 앞서 설명한 일관성이나 공백이 한 사건에서 다른 사건으로 넘어가는 '논리적 연결'과 관련된 것이라면, 시간적 순서와 전개 방식은 이야기 속에서 과거, 현재, 미래를 어떻게 배치하고 활용하느냐에 초점을 둔다. 대부분의 사람들은 과거에서 현재, 미래로 이어지는 연대기적Chronological 방식으로 이야기를 풀어간다. 이는 삶이 발전하고 있다는 인상을 주며, 듣는 사람도 이해하기 쉽다. 하지만 역순으로도 이야기할 수 있다. 현재의 상황을 먼저 제시하고 그 원인을 과거에서 찾아오는 방식이다. 또 과거와 현재를 오가며 교차적으로 서술할 수도 있다. 과거의 사건을 이야기하다 현재의 고민을 덧붙이고 다시 과거로 돌아가는 식이다.

K씨의 경우 흥미로운 패턴이 발견되었다. 그는 프로젝트 실패를 이야기할 때마다 자꾸 과거로 돌아갔다. '그때 팀장님이 나를 믿고 맡겨주셨는데… 수능 때도 그랬지. 부모님이 믿어주셨는데 결과는…' 같은 식이었다. 실패의 순간마다 과거의 비슷한 실패가 자동으로 호출되는 것이다. 이는 그 경험이 여전히 현재 진행형임을, 즉 아직 완전히 소화되지 않았음을 보여주는 신호였다. 반면 배낭여행 이야기는 항상 직선적이었다. '첫날 이랬고, 둘째 날 저랬고, 마지막 날엔…' 시간 순서대로 막힘없이 흘러갔다. 이

미 정리된 기억, 평화롭게 받아들여진 경험이었다.

예를 들어 '누군가 나를 간섭하면 반사적으로 거부감부터 느낀다. 어렸을 적 부모님과 크게 충돌했던 때가 자주 떠오른다'와 같은 기록은 과거 사건이 여전히 현재 진행형임을, 즉 그 경험이 여전히 자신의 삶에 영향을 미치고 있음을 시사한다. 특정 시점이 반복적으로 호출된다면, 그 지점에 미해결 과제가 남아 있다는 신호로 읽을 수 있다.

결국, 시간적 순서에 따른 전개 방식은 자신의 서사 전략과 내면적 상태를 동시에 보여준다고 할 수 있다. 시간축을 재배열하는 자신의 습관이나 의도는, 과거와 현재, 미래를 바라보는 시선을 고스란히 반영한다. 어떤 방식이 '옳다, 그르다'가 아니라 '왜 그렇게 시간 순서를 구성했을까?' '어떤 시점에 대한 미련이나 중요성을 느끼고 있는 걸까?'와 같은 질문을 해봄으로써 자신의 인생 서사에 대한 더 깊은 통찰을 얻을 수 있다.

서술의 복잡성 역시 중요한 통찰을 제공한다. '그냥 힘들었다'라는 단순한 표현과 '겉으로는 씩씩했지만 속으로는 무력감을 느꼈다. 동시에 왜 이렇게까지 견뎌야 하는지에서 오는 분노와 이 과정에서 분명 얻을 게 있을 거란 희망이 교차했다'라는 복합적인 표현은 그 깊이가 다르다. 모순되어 보일지언정 다양한 감정과 시각이 드러날수록 사건을 곱씹고 재해석하며 통합하려는 노력이 있었음을 알 수 있다.

K씨도 처음엔 단순하게만 적었다. '프로젝트가 실패했다. 좌절했다.' 하지만 공백을 채우고 내러티브를 재저작하는 과정을 거치며 그는 같은 사건을 이렇게 다시 썼다. "프로젝트가 무산되었을 때, 표면적으로는 팀원들에게 미안한 마음이 컸다. 하지만 속으로는 '역시 내가 부족해'라는 자기비하와 동시에 '이렇게까지 했는데 왜?'라는 억울함이 교차했다. 더 깊이 들어가면 사실 '이제 이 프로젝트에서 해방되었다'는 안도감도 있었다. 나 스스로도 이 프로젝

트가 내 가치관과 맞지 않다고 느끼고 있었던 것 같다." 이 복합성이야말로 진실에 가까운 서술이다.

☐ 그간 어떤 사건이나 감정을 별것 아닌 것으로 여겨왔다면, 그 이유는 무엇인가?
☐ 사건이나 감정을 떠올릴 때 과거, 현재, 미래 중 반복적으로 호출되는 시점은 언제인가?
☐ 같은 사건을 두고 그때와 지금의 감정에 변화가 있는가?

복잡성과 연계해 이야기의 구조 또한 마찬가지다. 누군가는 사건을 단순히 나열하는 방식으로 서술하지만, 다른 이는 사건들을 원인과 결과로 묶어 하나의 큰 흐름으로 이해한다. 이를테면 '어렸을 적 이런 일이 있었고, 고등학생 때는 저랬으며, 대학생 때 이런 일이 있었다'처럼 자신의 이야기를 에피소드로 나열하는 경우가 있다. 사건들이 다양하긴 하지만 왜 그런 사건들이 떠올랐는지, 어떤 깨달음을 얻었는지 뚜렷하게 알 수 없다. 각 사건이 중요하다는 것은 짐작할 수 있지만 전체적인 흐름 안에서 어떤 의미를 갖는지도 분명하지 않다. 삶을 연속적인 어떤 흐름보다는 단편적인 순간의 집합으로 인식하고 있을 가능성이 높다. 이 경우 '인생의 주인공은 나'라는 인식 또한 다소 옅을 가능성이 있다. 사건을 주도적으로 겪기보다는 수동적으로 휩쓸렸다. 사건을 일으키고 선택한 것이 아니라 목격자 내지 방관자로서의 감각을 겪는 것이다. 복합적인 서술이 반드시 더 '옳다'는 뜻은 아니지만, 여러 감정을 동시에 표현하는 경우 대체로 사건을 곱씹고 재해석하려는 노력은 통찰과 연결되기 때문에 중요하다.

인과 관계를 중심으로 기록하는 과정을 살펴보면 그 차이를 확연하게 느낄 수 있다. '과거에 어떤 사건이 있었기에 지금의 내가 되었고, 그 과정에서 중요한 교훈을 얻었다'는 식으로 사건들을 바라보면

서로 어떤 영향을 주고받았는지, 그리고 그로부터 무엇을 배웠는지를 비교적 구체적으로 드러난다. 그 과정에서 자연스럽게 자신의 인생은 '연속적이고 통합된 흐름'으로서 실패했던 경험조차 톱니바퀴처럼 맞물려 지금의 '나'를 만들어낼 수 있음을 알 수 있다. '그때 그런 실패가 있었기에 더 성장할 수 있었다'처럼 성장과 변화를 주도적으로 해석하는 경향도 나타난다. 사건이 나에게 일어나기만 한 게 아니라 '내가 그런 결정을 내렸기 때문에, 그다음 사건도 자연스레 이어졌다'는 식으로 스스로의 역할을 적극적으로 부각하는 것이다. 다만, 모든 것을 지나치게 원인과 결과로 단순화하면 오히려 복잡하고 모호한 감정을 누락하거나 '성장'이라는 이름으로 미화할 위험이 있다는 점만 명심하자.

결국 중요한 것은 내가 어떤 틀로 내 삶을 이해하고 있는지를 스스로 점검하는 일이다. 내 이야기가 시간적으로나 주제적으로 일관성이 있는지, 중요한 지점에서 공백이 생기지는 않았는지, 과거 사건을 아직 해소하지 못해 현재에도 반복 소환하고 있지는 않은지, 사건과 감정을 얼마나 다층적으로 표현할 수 있는지 돌아보면 된다. 인생 이야기를 어떤 구조로 풀어내느냐는 내 안에 남아 있는 숙제와 통합의 수준을 그대로 비춰준다.

3단계. 선택하라, 진짜 내가 드러난다

우리는 인생의 사건들을 되짚어보고, 주요 사건들을 정리하며, 다양한 관점에서 탐구했다. 하지만 모든 사건이 동일한 중요도를 갖는 것은 아니다. '이게 정말 내게 중요했던 사건인가?' '어떤 경험이 내게 가장 큰 영향을 미쳤을까?' '이 많은 사건들 중 무엇을 깊이 들여다봐야 할까?'와 같은 고민이 드는 것도 당연하다. 쉽게 떠오른다고 해서 중요한 것도, 잘 기억나지 않는다고 해서 무의미한 것도 아니다. 다만 수

많은 사건 중에서도 내 삶을 실질적으로 움직였던 순간, 나를 규정한 계기를 선별하는 과정이 필요하다. 이 과정에서 유용한 기준은 세 가지다. 자신만의 고유한 경험, 위기의 순간, 결정적 계기(터닝 포인트)이다.

나만의 고유한 경험은 무엇일까

많은 사람들이 '나는 너무 평범한 삶을 살아 특별할 것이 없다'고 말한다. 정말 그럴까? K씨도 처음엔 그렇게 생각했다. '나는 평범한 직장인이고, 평범하게 결혼해서, 평범하게 아이 키우는데 뭐가 특별하지?' 하지만 상담자는 물었다. "그 수많은 기억 중에 왜 하필 배낭여행이 그렇게 선명하게 남아 있을까요? 왜 그 경험만 떠올리면 지금도 가슴이 뛸까요?"

사실 중요한 건 절대적, 객관적인 사건의 희귀성이 아니다. 국토 종주 100번, 원양 어선을 타 본 경험, 세계 100개국을 여행 등 특별한 것들에 집착할 필요는 없다. 이런 경험들이 특별하지 않다는 건 아니지만 효율적으로 살펴볼 필요가 있다. 특별함의 기준을 어디에 두느냐에 따라 누군가에게는 일상에서 흔히 겪는 일도 나에게는 인상을 남기고 삶을 바꾸는 계기가 될 수 있다. 심리학적으로 우리는 자신이 중요하게 생각하는 가치와 연결된 경험을 더 선명하게 기억하는 경향이 있다. 자신이 어떤 사건을 기억하고 있다면, 평범해 보이더라도 그것은 자신이 중요하게 여기는 가치와 신념을 담고 있을 가능성이 높다.

K씨에게 배낭여행은 단순한 여행이 아니었다. 그는 노트에 길게 적었다. "대부분 사람들에게 배낭여행은 그냥 여행일 뿐이다. 하지만 나에게는 '통제를 내려놓는 법'을 배운 결정적 순간이었다. 첫날 계획했던 숙소를 못 찾아서 노숙하다시피 했을 때, 처음엔 패닉이었다. 하지만 현지인이 도와주고, 예상 못 한 곳에서 아름다운 일몰을 보고, 우연히 만난 여행자들과 밤새 이야기하면서 '계획대로 안 되는 게

오히려 선물일 수 있다'는 걸 몸으로 배웠다. 이 경험이 없었다면 나는 평생 완벽주의의 감옥에 갇혀 살았을 것이다."

그러니 질문해보자. 남들은 대수롭지 않게 여겼지만 나에게는 강렬하게 남은 경험이 있는가. 다른 사람은 지나쳤지만 나는 유독 깊이 생각했던 사건이 있는가. 왜 그 경험이 특별하게 느껴지는가. 답하기 어렵다면 인생에 대한 관점을 바꿔보자. 인생이 흐르는 물이라고 했을 때 물길이 바뀌는 순간들을 떠올려보는 것이다. 때로는 거대한 돌을 만나 크게 바뀌기도 하고, 세찬 비를 만나 정해진 길에서 벗어나기도 하지만, 그것이 전부는 아니다. 물길 속에서 수없이 채이는 모래와 자갈들이 우리가 모르는 새에 조금씩 흐름을 바꾸기도 한다. 물길이 변하면 종국에는 만나는 사람도 바뀌고, 사는 곳이 달라지고, 하는 일도 변한다. 사소한 행동들이 나만의 고유한 흐름이 되어 크고 작은 전환으로 이끈 것이다. 일상 속에서 나만의 가치와 맞닿은 순간들이 곧 나만의 특별함이다.

- ☐ 수많은 사건 중 유독 오래 기억에 남는 일은 무엇인가?
- ☐ 같은 사건을 떠올릴 때, 그때와 지금의 감정은 다른가?
- ☐ 힘든 순간 나를 지탱해준 것은 무엇이었는가?

나는 위기의 순간에 무엇을 떠올리는가

삶에서 가장 힘들었던 순간도 떠올려보자. 그때 자신을 지탱해준 것은 무엇이었는가? 가족의 응원, 지금까지 해온 노력이 아깝다는 집념, 내가 바라는 미래상을 꼭 이루겠다는 비전 등이 있을 것이다. 사람이든 사물이든, 유형의 것이든 무형의 것이든 내 삶에 위기가 닥쳤을 때 실제로 도움을 주었던 것이라면 무엇이든 괜찮다. 내가 의존하는 수단이 무엇인지 명확히 인식하는 것이 중요하다.

K씨의 인생에서 가장 힘들었던 순간은 프로젝트 실패 직후였다. 그는 그때를 이렇게 기록했다. "정말 회사를 그만두고 싶었다. 3개월간 주말도 없이 준비했는데 경영진의 방침 변경으로 하루아침에 무산되었다. 내가 그때 버틸 수 있었던 건 역설적이게도 '실패의 기억' 때문이었다." 그리고 배우자가 해준 '당신은 실패해도 여전히 좋은 사람이야. 프로젝트와 당신을 동일시하지 마'라는 말과 배낭여행에서 배운 교훈인 '통제할 수 없는 일이 있고, 그건 괜찮다'를 연결시킬 수 있었다. 팀원들이 'K씨 덕분에 배운 게 많았어요'라고 해준 말도 떠올랐다. 비록 프로젝트 결과는 실패했어도, 그 과정에서 성장한 팀원과 자신을 발견한 것이다.

심리학자 에릭 홈부르거 에릭슨Erik Homburger Erikson은 사람은 일생 동안 발달 과업과 맞물린 위기Crisis를 경험하며, 이를 잘 해결할 때마다 더 성숙한 자아정체성을 획득한다고 말했다. 성인기의 경우 '친밀감 대 고립' '생산성 대 침체' 같은 위기를 마주한다. 예컨대 어떤 이는 성인이 되어 인간 관계에서 반복적인 상처를 겪으며 '나는 고립될지도 모른다'는 두려움에 빠지기도 하지만, 반대로 실수나 실패를 개선해가며 '깊이 신뢰할 수 있는 관계를 맺을 수 있다'는 자기확신을 얻는다. 또 다른 이는 직장 생활에서 좌절을 겪는 과정에서 '나는 단순히 돈을 버는 사람이 아니라 타인과 사회에 기여하는 방식으로 살아가려는 사람이다'라는 생산성의 가치를 재발견하기도 한다.

심리학자들은 이런 과정을 성장 경험Growth Experience이라 부른다. 위기를 단순히 '버티는 것'으로 끝내지 않고, 그 안에서 새로운 배움과 통찰을 얻어 더 높은 차원의 자아로 도약하는 것이다. 그러기 위해 중요한 것은 단순히 '견디는 것'이 아니라 '왜 나는 이 일을 계속해야 하는가?'라는 질문을 던지는 일이다. 답이 분명할수록, 즉 일의 의미를 선명하게 인식할수록 위기를 극복하는 힘도 커진다. 심리학에서 말하는 의미 중심적 대처Meaning-focused Coping가 바로 그것이다. 이는 고통을 피하거나 무조건 참는 방식이 아니라 그 속에서 삶의 의미를 찾아 성장의 자원으로 삼는 태도다.

자신이 절망에 빠졌을 때 반복해서 찾는 대상이나 가치가 있다면 그것이 곧 내 삶의 뿌리 깊은 힘이며, 정체성을 규정하는 핵심 가치일 가능성이 크다. 그러니 질문해보자. 내가 가장 힘들었던 순간은 언제였는가? 그때 나를 버티게 한 것은 무엇이었는가? 나를 다시 일어서게 만든 핵심 요소는 무엇이었는가? 이 질문들은 우리의 내면에서 '일관되게 작동해 온 힘'을 발견하는 과정이다. 많은 사람들은 자신의 신념이나 가치를 평소에는 잘 인식하지 못한다. 그러다 삶이 흔들리는 순간, 자신이 의지하는 대상이야말로 가장 중요한 것임을 깨닫고, 그 과정을 통해 자신의 핵심 정체성에 보다 가까이 다가설 수 있다.

지금의 나를 만든 결정적 계기는 무엇일까

살다 보면 '이 사건이 없었다면 지금의 나는 없었을 것'이라고 느껴지는 순간들이 있다. 바로 인생의 전환점, 즉 터닝 포인트Turning Point라고 부르는 순간이다. K씨는 고민 끝에 두 개의 터닝 포인트를 선택했다. 첫 번째는 배낭여행이었다. 그는 배낭여행을 '완벽하지 않아도 괜찮다는 걸 배운 순간'으로 기록하고, 이후 이 경험이 없었다면 프로젝트 실패 후 회복하지 못했을 것이라고 생각했다. 배낭여행은 그에게 '계획대로 안 돼도 괜찮다'는 면역을 심어줬고, 그 면역은 15년 후 직장 생활의 위기에서 그를 지켜준 셈이다. 두 번째는 배우자와의 싸움이었다. 결혼 준비 중 "넌 항상 그래, 과정을 즐기지 못해"라는 배우자의 말을 K씨는 이렇게 풀어썼다. "이 말이 화살처럼 꽂혔다. 처음엔 화가 났다. '내가 얼마나 열심히 하는데!' 하지만 며칠 지나니 맞는 말이었다. 나는 목표만 보고 달려왔다. 반장이 되는 것, 좋은 대학, 좋은 직장, 승진… 하지만 그 과정에서 뭘 느꼈는지는 기억나지 않는다." K씨는 이 다툼이 없었다면 여전히 자신은 '다음 목표'만 쫓으며 살았을 것이라고 생각했다.

자신의 터닝 포인트는 무엇인가? 지금의 나를 있게 해준 중요한 사건은 무엇인가? 터닝 포인트라고 해서 거창할 필요는 없다. 누구나 겪을 수 있는 아주 사소한 경험이 '유독 나에게만' 유달리 특별히 느껴지는 순간들이 있을 것이다. 우연히 듣게 된 말 한 마디, 깊이 읽은 책 한 권, 예상치 못한 작은 실패, 친구 따라 얼떨결에 참여해본 활동 같은 사소한 경험도 삶의 방향성을 흔들기에 충분하다.

심리학자 존 크럼볼츠John D. Krumboltz는 이를 계획된 우연 이론Planned Happenstance Theory으로 설명한다. 삶에서 마주치는 우연한 사건을 그냥 흘려보내지 말고, 이를 활용할 준비가 되어 있어야 한다고 설명한다. 다시 말해, 우연을 어떻게 해석하고 받아들이냐에 따라 그것이 단순한 에피소드로 끝날 수 있고, 인생을 바꾸는 터닝 포인트가 될 수 있다. 작은 사건일지라도 자신이 얼마나 열린 태도와 학습 의지를 갖추고 있는지에 따라, 그 안에 깃든 '변화의 가능성'도 열리는 것이다. 지금의 자신을 있게 해준 인생의 중요한 사건은 무엇인가? 우연히 시작했지만 지금도 기억에 남는 일은 무엇인가? 자신에게 큰 영향을 끼친 롤모델은 누구인가?

이러한 질문에 답하는 과정에 덧붙여 한 가지 중요한 점은, 인생의 전환점을 어떻게 내면화Internalization 하느냐이다. 터닝 포인트를 토대로 세상과 자기 자신을 바라보는 자신만의 관점을 만들어야 한다. 연구에 따르면 전환점을 자신만의 방식으로 해석하고 삶에 적용할 때, 비로소 그것은 단순한 기억을 넘어 인생을 관통하는 원칙이나 철학으로 자리 잡게 된다. 어렸을 적에는 부모, 선생님, 친구 같은 주변인이 기준을 제시해주지만, 어느 순간부터는 스스로 사고하고 선택해야 하는 시점이 찾아온다. 바로 그 지점이 인

**과거로 돌아갈 수는 없다. 하지만
지금 이 자리에서 다시 시작할 수 있다.**

— C.S. 루이스

우연을 어떻게 해석하고 받아들이냐에 따라
그것이 단순한 에피소드로 끝날 수 있고,
인생을 바꾸는 터닝 포인트가 될 수 있다.

생의 전환점이 될 수 있으며, 그 과정을 통해 자신의 삶 전반을 관통하는 준거 기준Frame of Reference을 마련하게 된다. 요약하자면, 인생의 전환점을 통해 자신만의 원칙, 철학, 행동 지침을 발견하고 그것을 삶의 나침반으로 삼는 것이 중요하다는 뜻이다.

K씨는 이 작업을 마치며 노트 마지막 장에 정리했다. "배낭여행과 배우자의 말. 이 두 사건이 나를 만들었다. 하나는 '통제를 내려놓아도 괜찮다'를 가르쳤고, 다른 하나는 '과정을 즐기는 게 목표보다 중요하다'를 깨우쳤다. 이제 나는 안다. 완벽하게 준비하는 것보다 유연하게 대응하는 것이, 결과를 통제하는 것보다 과정을 신뢰하는 것이 내 삶의 원칙이어야 한다는 걸."

결국 인생의 전환점은 사건 자체가 아니라 그 사건에서 무엇을 배우고 어떻게 받아들이느냐에 달려 있다. 우연한 만남도, 뜻밖의 실패도, 해석하기에 따라 삶을 바꾸는 이정표가 될 수 있다. 중요한 것은 그 순간들을 흘려보내지 않고 내 삶의 가치와 연결된 의미로 재구성하는 일이다. 그렇게 할 때 과거와 현재 그리고 미래는 하나의 흐름으로 이어지고, 나만의 이야기는 더욱 선명해진다. 이 이야기는 단순한 회상이 아니라 앞으로의 길을 이끌어줄 원칙이자 나침반이 되어줄 것이다.

4단계. 채워라,
욕망을 담을 때 한 줄이 살아난다

지금껏 우리는 인생 사건을 돌아보고, 반복되는 감정과 주제를 찾아내며 나 자신을 설명할 수 있는 재료들을 모았다. 마틴 루터 킹의 "내겐 꿈이 있습니다"나 김연아 선수의 "그냥 하는 거지" 같은 문장처럼 나 자신을 대변하는 한 줄을 나도 만들 수 있는 조건은 다 갖춘 것이다. 이제는 그 재료들을 하나로 꿰는 작업이 필요하다. 긴 이야기는 쉽게 잊히지만, 그 이야기를 꿰뚫는 한 줄은 오래 기억되기 때문이다.

말은 그저 즉흥적인 위로나 구호로 끝내기에는 아까운 '도구'다. 자신의 정체성과 목표 그리고 어떻게 행동할지를 결정짓는 전략을 나만의 한 줄에 녹일 때, 자신이 바라는 방향대로 삶을 바꿔갈 수 있기 때문이다. 한 줄의 힘을 제대로 사용하기 위해서는 지금 자신에게 가장 절실한 욕구가 무엇인지 먼저 살펴볼 필요가 있다. 어떤 단어, 문구를 골라 쓸지 결정하는 데에는 나름의 이유와 목적이 있어야 한다. 이를테면 지금 당장 습관을 바꾸고 싶다는 갈망이 크다면, 그 욕구를 우선 충족시킬 수 있는 언어적 전략부터 적용해보는 식이다.

　자신의 주된 욕구를 파악하는 데 유용하고 가장 널리 알려진 이론으로는 에이브러햄 매슬로우Abraham Maslow의 욕구위계 이론을 떠올려 볼 수 있다. 이는 인간에게 있는 여러 욕구 간에는 위계가 존재하고, 가장 기초적인 단계의 욕구부터 순차적으로 이루고 욕망하게 된다고 설명한다. 가장 먼저 수면, 식욕 등 생리적 욕구가 충족되어야 안전의 욕구, 소속감의 욕구, 존중의 욕구, 자아실현의 욕구 순으로 열린다는 시각이다. 요즘에는 이 위계에 대한 새로운 해석과 비판이 있긴 하지만, 최소한 '지금 나에게 가장 시급한 것은 무엇인지'를 찾는 데 욕구위계 이론은 꽤 유용하다.

K씨의 사례도 마찬가지다. 가장 기초적인 단계부터 차근차근 점검해보면, 우선 생리적 욕구는 충족되어 있다고 볼 수 있다. 안정적인 소득이 있고 건강도 괜찮은 편이기 때문이다. 안전의 욕구도 마찬가지다. 10년 이상 다닌 직장이 있고, 가정도 이루었으니 기본적인 안전은 확보된 상태다. 문제는 그다음 단계부터다.

소속감과 사랑의 욕구는 많은 이들에게 그 자체만으로도 복잡한 단계다. 가족은 있지만 깊은 연결감을 느끼고 있는가, 가정 밖에서의 어려움을 가족과 나누고 돌봄을 받을 수 있는가, 부모나 배우자로서 깊은 대화를 나누고 있는가. 회사 동료들과의 관계도 비슷하다. 업무 관계이지만 진정한 유대감을 느끼는 이가 있는가 하면, 거기까지 도달하지 못한 관계도 많다. K씨도 그곳에 머물러 있었다. '소속감의 욕구 부분적으로만 충족됨. 형식적인 관계는 있지만 진짜 연결은 부족하다.'

K씨의 더 큰 문제는 존중의 욕구였다. 그는 팀장으로 승진도 했고, 동료들로부터 능력도 인정받았다. 하지만 이상하게도 공허했다. '승진했는데도 왜 만족스럽지 않지?' 그는 며칠간 이 질문을 붙들고 씨름했다. 그러다 깨달았다. 자신은 '완벽한 사람'으로 인정받고 싶은데, 그런 인정은 애초에 불가능했다. 프로젝트가 실패한 순간 그가 원했던 완벽함은 무너졌고, 승진은 그 공허함을 채워주지 못했다. 그는 '존중의 욕구, 미충족. 타인의 인정은 받지만, 진짜 내가 원하는 인정은 아니다'라고 기록했다.

마지막 단계인 자아실현의 욕구가 충족되지 않

는 건 당연한 결과다. '나는 지금 내가 진짜 원하는 삶을 살고 있나?' 이 질문에 K씨의 답은 명확했다. '아니다.' 그간 '해야 하는 일'을 해왔지, '하고 싶은 일'을 한 적이 거의 없다고 느꼈다. '배낭여행 때 느꼈던 그 자유로움, 레크레이션을 진행하며 느꼈던 그 충만함은 어디로 갔을까?' 이런 흐름 속에서 K씨의 진짜 욕구가 어디에 있는지 선명해진다. 그것은 '존중'과 '자아실현' 사이 어딘가에 있다. 더 정확히 말하면 기존의 방식으로는 채워지지 않는 존중의 욕구와 아직 형태조차 불분명한 자아실현의 욕구 사이에서 그는 방황하고 있는 것이다. K씨는 노트 한 페이지를 가득 채워 자신의 욕구를 분석했다.

표면적으로 K씨는 '인정받고 싶다' '성공하고 싶다'고 말한다. 하지만 그게 전부가 아니다. 더 깊이 들어가면, '완벽하지 않아도 괜찮은 나'를 인정받고 싶었던 것에 가깝다. 반장 선거에서 떨어졌을 때, 수능에 실패했을 때, 프로젝트가 무산되었을 때, 그는 스스로 완벽하지 않음을 받아들이지 못했다. 그래서 더 완벽해지려고 애썼다. 하지만 그럴수록 공허함을 느낄 뿐이었다. 그에게 필요한 건 '완벽함'에 대한 인정이 아니라, '불완전한 나'에 대한 수용인 것이다.

K씨는 배낭여행 때를 떠올리며 '계획에 없던 마을에서 하루를 보내고, 길을 잃었다가 다시 찾고, 예상치 못한 사람들을 만나고… 목적은 없었고 과정 자체가 즐거웠다'라고 생각했다. 그렇게 알아차리고 나니 자신이 진정 원하는 삶은 "'결과'보다 '과정'을 즐기는 삶"이었다. 직장 생활에서는 승진이라는 목표, 프로젝트 성공이라는 결과만 쫓다가 정작 그 과정에서 무엇을 느꼈는지 기억조차 하지 못했다. 배우자의 말이 맞았다. '나는 과정을 즐기지 못했다.'

이렇게 자신의 욕구를 명확히 하자, K씨는 비로소 자신이 만들어야 할 자기확신의 방향을 잡을 수 있었다. 거기에는 단순히 '성공하고 싶다' '인정받고 싶다' 같은 표면적 욕망이 아니라, 존중과 자아실현

사이에서 그가 진짜로 갈망하던 것들이 담겨야 했다. 완벽하지 않아도 괜찮은 나, 과정을 즐기는 삶, 통제가 아닌 신뢰. 이 세 가지가 그의 진짜 욕구였다.

'맛있는 것이 먹고 싶다' '연봉 1억을 받고 싶다' '서울 부자 동네에 집 한 채 갖고 싶다' '매력적인 이성과 연애하고 싶다' 등 흔히 입밖으로 내는 소망들에 대해 조금만 더 생각해보면, 이 욕구들 자체는 보다 근원적 욕망으로 가는 '징검다리'일 수 있다. '돈을 많이 벌고 싶다'는 바람 속에는 안정, 자유, 자신감 같은 더 깊은 가치가 숨어 있기 마련이다. 그래서 단순히 '내가 지금 무엇을 원하는가?'에서 그치지 않고 '나는 왜 그것을 원하는가, 무엇을 통해 진정한 만족을 얻으려 하나'라고 한 걸음 들어가봐야 한다.

이러한 깊은 욕망은 이미 2장에서 서사 정체성을 통해 살펴봤다. 거기서 우리는 자신이 걸어온 길을 찬찬히 들여다보면 단순히 외부적 성취를 향한 욕망이 아니라 자신을 충만하게 하는 근원적 갈망이 무

**목적지를 모르는 자에게
어떤 바람도 순풍이 될 수 없다.**

― 세네카

흔히 입밖으로 내는 소망들에 대해
조금만 더 생각해보면, 이 욕구들 자체는
보다 근원적 욕망으로 가는 징검다리다.

엇인지 좀 더 뚜렷하게 마주할 수 있었다. 예를 들어 '부자가 되고 싶다'는 같은 욕망을 갖고 있는 사람도, 누군가는 과거에 겪은 경제적 궁핍에서 기인한 것이고 또 다른 누군가는 가족을 돌봐야 한다는 책임감에서 비롯되었을 수 있다. 또 '매력적인 이성과 연애하고 싶다'는 밑바탕에는 '사실은 누군가에게 진심으로 인정과 지지를 받고 싶다'는 소속감과 존중의 욕구가 자리했을 수도 있다. 이렇게 자신의 서사를 따라가면, 그저 겉으로 드러난 목표가 아니라 내 정체성 안에서 길어 올린 진짜 욕망을 이해할 수 있다.

이것이 중요한 이유는 한 마디의 힘을 활용해 목표를 세우거나 습관을 바꾸거나 감정을 조절한다 해도, 그 한 마디가 자신의 정체성이나 진짜 욕망과 동떨어져 있다면 오래 가지 못하고 금세 변질될 가능성이 크기 때문이다. 반대로 자신이 이걸 왜 원하는지 서사 정체성을 기반으로 명확히 자각하고 있다면 그 한 마디의 힘과 행동은 유명인들만의 것이 아니라는 사실을 몸소 체험할 수 있다. 지속 가능한 동력을 얻고, 진정성을 느끼고, 흔들리지 않는 믿음으로 이어지는 힘 말이다.

그 힘을 찾기 위해 대단한 기술이 필요한 것은 아니다. 선별된 사건들 중 '중요하다'라고 생각되는 사건을 한 번 더 선별하고, 각 사건 옆에 흥분, 두려움, 안도감 등 감정이나 사건이 남긴 교훈이나 깨달음을 적어보자. 모두 달라 보이는 사건들 가운데서도 반복되는 단어나 주제가 보일 것이다. 예를 들어 '내가 참여했던 활동들은 늘 협업과 도전이 핵심이었다'거나 '인정 욕구를 채우려고 한 일들이 많다'처럼 감정이나 욕구, 깨달음이 패턴처럼 섞여 있을 것이다. 좀 어렵게 느껴진다면 사건 순서를 바꿔보는 방법도 있다. 시간 순서뿐만 아니라 감정 순서나 '좋아하는 사건 대 싫어하는 사건'처럼 다른 기준으로 나열해 보면, 새로운 연결점이 보인다. 이를테면 '내가 싫어하는 건 늘 불공정한 상황이었다'라는 중요 키워드가 선명히 드러날 수 있다.

- ☐ 지금 나는 무엇을, 왜 원하는가?
- ☐ 과거에도 지금도 꾸준히 싫어하는 것은 무엇인가?
- ☐ 나에게 중요한 가치의 정의는 무엇인가?

지금까지 기록해온 서사 정체성을 바탕으로 이제 나만의 한 줄을 적어볼 차례다. 우선 첫 번째로 반복되는 단어나 문장을 중심으로 나만의 한 줄 후보를 여러 개 만들어보자. 키워드에서 출발했다면 한 줄 안에는 최소한 두 개 이상의 핵심 키워드가 포함되는 것이 좋다. 예를 들어 자신의 삶에서 도전, 창의성, 연대 등의 단어가 있다면 '나는 항상 새롭고 창의적인 시도를 통해 도전하는 삶을 살겠다' '나는 두렵더라도 도전을 멈추지 않는 사람이다' '연대와 도전은 나를 움직이게 한다' 등의 한 마디를 써볼 수 있다.

두 번째로는, 여러 문장들이 있다면 그것들이 서로 같은 의미인지 다른 의미인지 비교해보는 것도 좋다. 문장을 합치거나 요약하는 과정을 거치면서 정말 중요한 포인트만 남길 수 있다.

세 번째는 목적을 명확히 하는 과정도 필요하다. 자신만의 한 줄에 교훈이나 깨달음을 담고 싶다면 '인생이란' '삶이란' '행복이란'처럼 자신에게 중요한 가치를 정의해볼 수 있다. 교훈보다는 감정 관리에 초점을 맞춘다면, 감정이 흔들릴 때 어떤 문장을 떠올리며 다스릴지 생각해야 한다. 만약 습관이나 루틴 형성이 목적이라면 구체적인 행동 전략을 담아야 할 것이다. 어떤 순간에 상기할 것인지 떠올려보면 뉘앙스가 더욱 선명해지고, 내용도 정확해질 것이다.

K씨의 시행착오 과정을 따라가보자. 그는 일주일 동안 여러 문장을 시도했다. 첫 번째로 적은 건 '나는 완벽하지 않아도 괜찮다'였다. 하지만 막상 적어놓고 보니 너무 일반적이고 온라인에서 흔히 볼

서두를 필요도, 빛날 필요도 없다.
그저 자신이면 충분하다.

― 버지니아 울프

화려하지는 않더라도 내 욕망과
밀접하게 맞닿아 있는 그 한 마디야말로
가장 명확한 자기확신의 문장이다.

수 있는 말 같았다. 두 번째 시도 끝에 쓴 한 마디는 '나는 통제를 내려놓고 과정을 즐긴다'였다. 첫 번째와 비슷한 이유로 세 번째 문장을 적어야 했다. 그는 '계획은 B까지, 나머지는 흐름에 맡긴다'고 적었다. 조금 나아진 것 같았지만, 추상적인 말이라고 느껴졌다. 네 번째에는 '완벽한 준비보다 유연한 대응'이라 적었다. 간결하고 실용적이었지만 마음이 울리지 않았다.

그러던 어느 저녁 배우자와의 대화 중에 우연히 실마리를 찾았다. "요즘 좀 편해 보여"라는 말을 듣자 K씨는 무심코 대답했다. "응, 그냥… 흘러가는 대로 두기로 했어." 그 순간 모든 것이 연결되었다. 완벽하게 준비하려던 과거의 자신, 배낭여행에서 배운 흐름에 대한 신뢰, 배우자가 일깨워준 과정의 중요성, 프로젝트 실패 후 깨달은 '그래도 나는 괜찮다'는 수용. 이 모든 것이 한 문장으로 압축되었다. K씨는 노트에 크게 적었다. '완벽하게 준비하지 않아도, 나는 잘 흘러간다.' 이 문장에는 과거의 나(완벽하게 준비하려던), 배움(준비가 전부가 아니다), 현재의 선택(흐름을 신뢰한다), 미래의 확신(나는 잘 될 것이다), 모든 것이 담겨 있었다.

화려하지는 않더라도 내 욕망과 밀접하게 맞닿아 있는 그 한 마디야말로 자신을 대표하는 자기확신이다. 앞으로 이어지는 4장에서는 이렇게 얻은 자기확신이 어떻게 나에게 영향을 미치며 삶 속에서 살아 숨쉬는지 살펴볼 것이다.

… 4장

변화_
현실을 바꾸는
자기확신의 힘

짧게 말하고 즉시 실행할 수 있다, 메타인지 스위치

몇 년 전 가족과 영화를 보러 가던 길이었다. 서울 종로 근처에 레스토랑을 예약해둬서 신림동에서 지하철을 타고 이동하고 있었다. 그런데 갑자기 마음이 불안해졌다. "우리 가스불 껐나? 아까 주전자 올려두지 않았어?" 평소 같으면 그냥 지나쳤을 텐데, 그날따라 그 불안이 쉽게 사라지지 않았다. 결국 영화는 포기하고 집으로 돌아와 가스불이 꺼져 있는 것을 확인한 뒤에야 안심할 수 있었다. 문제는 없었지만, 다시 종로로 향하면서도 머릿속에서는 질문이 떠나지 않았다. '왜 이렇게 불안했지? 피곤해서였을까, 아니면 다른 이유일까? 애초에 왜 불을 켠 걸 잊었을까?' 누구에게나 있을 법한 일이다. 하지만 누군가는 '깜박했나 보지' 하고 넘어가는가 하면, 또 다른 누군가는 꼬치꼬치 따지고 불안의 원인까지 궁금해하기도 한다.

세계적인 투자자 찰리 멍거는 "거꾸로 생각하라, 언제나 거꾸로 생각하라"는 말을 자주 했다. 그는 어떤 문제를 마주할 때 성공하려면 무엇을 해야 하는지보다 실패하지 않으려면 무엇을 피해야 하는지를 먼저 물었다. 투자든 인생이든, 답을 정면에서 찾으려 애쓰기보다 반대 방향에서 바라볼 때 오히려 명확한 해법이 보인다는 것이다.

단순히 사건을 떠올리는 것을 넘어서, '내가 왜 이런 느낌을 갖고 있지?' '지금 무슨 이유로 이렇게 예민하게 굴고 있나?' 하는 의문을 스스로에게 던지는 순간을 메타인지Metacognition, 즉 '생각에 대한 생각'의 전형적인 장면이라고 할 수 있다. 메타인지는 생각, 감정, 주의, 기억 등 자신의 인지 활동을 한 발짝 떨어져 바라보고 필요하다면 수정하고 조절하려는 능력이다. 메타인지를 잘 활용하는 사람은 이러한 질문을 스스로에게 자주 던진다. '내가 무엇을 알고, 무엇을 모르는가?'

이 개념을 심리학의 장으로 끌어온 학자는 존 플라벨John H. Flavell이다. 그는 아이들이 공부하면서 자신의 사고 과정을 어떻게 점검하는지 관찰했고, 이를 '메타인지적 활동'이라 불렀다. 단어 암기 시험을 준비하는 아이가 스스로 "이 단어는 반복해서 소리 내어 읽어야 잘 외워지는 것 같아"라고 말하거나 "아직 잘 안 외워졌으니 한 번 더 복습해서 외워보자"라고 말하는 순간이 대표적인 예이다.

심리학자들은 메타인지를 크게 두 축으로 나눠 설명한다. 먼저 메타인지적 지식Metacognitive Knowledge이다. 자신에 대해(자기 이해), 과제의 성격에 대해(과제 이해), 그리고 효과적인 방법(전략 이해)에 대해 얼마나 잘 알고 있는지를 뜻한다. '나는 이런 강점이 있으니 이쪽 전략이 맞겠다' '이 일의 목적은 무엇인가' '지금 가장 효율적인 방법은 무엇일까'와 같은 질문에 이에 해당한다. 한편, 메타인지적 기술Metacognitive Skill은 메타인지적 지식을 현실로 구체화하는 것과 관련 있다. 알기만 하는 것이 아니라 계획을 세우고, 상황에 따라 수정하고, 결과를 점검하는 실천적 능력이다. 예컨대 과제 수행을 위해 알맞은 계획을 세운다든지, 현실적인 조건에 맞춰 계획을 고친다든지, 과제를 수행한 후 결과물의 질이 괜찮은지, 빠뜨린 부분은 없는지 등을 점검하는 과정이다. 메타인지는 지식과 기술을 아우르는 개념이다.

☐ 지금 왜 이런 감정을 느끼는가?
☐ 내가 하려는 이 일의 궁극적인 목표는

무엇인가?

☐ 목표를 이루기 위해 가장 효율적인 방법은 무엇인가?

중요한 점은 메타인지는 지능과는 다르다는 사실이다. 지능이란 시험 점수로 치면 '도달 가능한 최대치'라고 할 수 있다. 하지만 같은 지능을 가진 사람도 메타인지 수준에 따라 결과는 크게 달라진다. 잠재력이 80점인 사람이 메타인지가 부족하면 55점에 머물 수 있고, 메타인지가 높은 사람은 '80점을 안정적으로 확보하는 전략'을 세워 실력을 최대한 끌어올릴 수 있다. 시험시간이 한정된 상황에서 어렵고 배점 높은 문제는 과감히 건너뛰고, 잘 아는 문제에 집중하는 것이다.

결국 메타인지의 핵심은 자기 모니터링이다. 스스로 관찰하고 '지금 왜 이런 감정을 느끼고 있지?' '내 집중이 흐트러지는 이유는 무엇이지?'라고 묻는 순간, 우리는 이미 한 단계 위의 전략적 사고에 들어선다. 이런 자기 점검은 불필요한 과장이나 위축을 막고, 냉철하게 과업을 바라보도록 돕는다. 즉, 메타인지는 단순히 '똑똑함'의 문제가 아니라 잠재력을 가장 효율적으로 끌어내는 행동 전략이다. 생각을 관찰하고, 질문을 던지고, 필요한 조정을 통해 스스로를 관리하는 사람은 같은 능력이라도 훨씬 높은 성과를 낼 수 있다.

이를테면 공부하다 졸릴 때 단순 반응은 '망했다, 커피 마셔야지'에 그친다. 하지만 메타인지 반응은 '왜 졸리지? 수면 부족인가, 점심 과식 때문인가? 그렇다면 오늘은 일찍 자고 지금은 기지개를 켜자'라는 전략으로 이어진다. 화가 나는 상황에서도 마찬가지다. '짜증 나, 네가 잘못했어'라는 반응은 갈등을 키우지만, '내가 왜 화가 났지? 상대 말투 때문인가, 내 누적된 불만 때문인가?'라고 묻는 순간 상황은 대화와 이해로 전환된다.

이 메타인지를 실제 삶 속에서 작동시키는 열쇠가 바로 '말'이다. '지금 왜 이런 행동을 하지?' '이 감정의 원인은 무엇이지?' 같은 짧고 명확한 자기질문이 메타인지를 즉시 호출하고 상황을 환기시킨다. 내 서사를 응축한 자기확신의 한 줄은 전략으로써, 상황이 흔들릴 때 즉시 떠올라 방향을 정해주는 메타인지 알림판이다. 자기개념Self-concept 연구는 이러한 짧은 언어가 선택과 태도, 지속 행동을 바꾼다는 사실을 반복적으로 보여준다. 알림판이 켜지는 순간 자기대화가 이어지고, 구체적 행동으로 번역되는 하위전략이 가동된다. 이 전 과정이 오래가려면 토대는 자기수용이어야 한다. 있는 그대로의 나를 인정할 때 현실 적합성이 높아지고 왜곡이 줄어든다. 그렇게 정렬된 말과 태도는 결국 자기실현으로 이어져, 가능성을 실제 성과로 바꾼다. 일례로 '나는 도전하는 사람이다'는 망설임을 줄이고, '나는 나를 있는 그대로 존중한다'는 문장은 불안의 순간을 버티게 만든다.

> 무의미한 정보가 넘치는 세상에서,
> 명료함이 곧 힘이다.
> ― 유발 하라리

'나는 도전하는 사람이다'는 망설임을 줄이고,
'나는 나를 있는 그대로 존중한다'는 문장은
불안의 순간을 버티게 만든다.
이렇게 내 서사를 응축한 한 줄은 그 자체로
전략 문장으로써, 상황이 흔들릴 때 즉시 떠올라
방향을 정해주는 메타인지 알림판이다.

자기확신은 자신만의 문장이라는 점에서 큰 힘을 발휘한다. 말의 힘을 활용해 목표를 세우고, 습관을 바꾸고, 감정을 조절한다 해도, 그 말이 자신의 정체성이나 진짜 욕구와 동떨어져 있다면, 결국 오래가지 못하고 금세 변질될 가능성이 크다. 반대로 자신이 이것을 왜 원하는지 서사 정체성에 기반해 명확히 자각하고 있다면, 그 말과 행동은 훨씬 지속 가능한 동력을 얻게 된다. 즉, '내가 원하는 건 이것이다'라고 선언할 때, 그 한 마디는 진정성을 담고 흔들리지 않는 마음으로 이어질 수 있다.

여기서는 자기확신이 힘을 발휘할 수 있도록, 그 성격을 좀 더 면밀히 살펴본다. 메타인지 스위치로 작용하는 자기확신의 한 마디가 있는가 하면, 자기대화의 언어를 통해 한 줄이 일상에서 어떻게 즉시 호출되고 실행되는지 본다. 또한 자기수용에 가까운 자기확신이라면 공허한 긍정이 아니라 현실 적합성을 갖추도록 토대를 다진다. 마지막으로 자기실현으로

서의 자기확신 한 줄을 목표·습관·평가로 연결해 성과를 만드는 루프로 완성한다. 한 줄은 구호가 아니라 전략이다. 메타인지 위에 놓일 때, 그 한 줄은 매 순간의 선택을 바꾸고, 결국 삶의 방향을 바꿔줄 것이다.

정체성은 만들어가는 것이다, 자기대화의 원리

자신의 최초 혼잣말은 무엇이었나? 인간은 왜 혼잣말을 하게 됐을까? 우리는 일상에서 무심코 혼잣말을 내뱉는다. "아, 이걸 어떻게 해야 하지?" "괜찮아, 할 수 있어" 같은 자기대화Self-talk는 단순한 습관이 아니라 우리의 사고, 감정, 행동을 이끄는 중요한 과정이다. 심리학 연구는 자기대화가 목표를 상기시키고 문제를 정리하며 불안을 낮추는 역할을 한다는 점을 반복해서 확인해왔다. 실제로 사람들은 복잡한 의사 결정이나 문제 해결을 앞두고 스스로에게 질문을 던지는 습성을 지니고 있다. 어려운 상황에서 '○○아(자신의 이름), 잘 생각해봐, 좋은 방법이 있을 거야' 하며 사태를 정리하려 애쓰거나, '잠시 진정하자' '다 잘 될 거야' 같은 속삭임으로 마음을 달랜다. 마치 역할 놀이를 하듯 '동요하고 있는 나'에게 '이성적인 나'가 말을 걸며 다독이고 떠밀며 '겨우 이걸로 우울한 거야? 정신 차려' '그만 울고 하던 일이나 계속 하자'라고 하기도 한다. 이처럼 자기대화는 때로 의식적으로 때로는 무의식적으로 이뤄지며, 다양한 맥락에서 심리적 안정과 문제 해결을 돕는 역할을 담당한다.

혼잣말에 대한 관심은 오래전부터 이어졌다. 로마 제국의 황제이자 스토아 학파의 일원이었던 마르쿠스 아우렐리우스가 쓴 『명상록』부터가 그렇다. 세상을 다스리던 황제가 세상을 향해 쓴 책이 아니라 오직 자신에게 쓴 일기이자 자기대화의 기록이다. 그는 "자신의 영혼 속보다 더 고요하고 평화로운 은신처는 없다. 특히 자기 속에 풍부한 자원을 가진 사람이면, 그 자원을 조금만 동원하면 즉각적으로 마음의 평온을 확보할 수 있는 것이다"라고 적었다. 아우렐리우스에게 혼잣말은 회피가 아니라 정신의 질서를 회복하는 훈련이었다. 자기 안의 이성과 양심의 목소리에 귀 기울임으로써 그는 황제로서의 책임감과 인간으로서의 균형을 유지한 것이다.『명상록』은 자기 자신을 설득하며 살아가는 방법을 기록한 책이나 다름없다.

아우렐리우스가 본능적이고 필연적으로 자기 안의 목소리를 찾아갔다면, 현대 심리학에서는 이를 더욱 정교하게 탐구했다. 발달심리학자 장 피아제Jean Piaget는 아동기의 혼잣말을 타인의 시각을 고려하지 못한 '자기중심적 언어'로 규정하고 아동이 사회적 상호작용을 습득하고 타인의 시각을 수용하게 되면 혼잣말은 점차 감소한다고 보았다. 반면 레프 비고츠

키Lev Vygotsky는 이를 학습과 자기조절을 돕는 사적 언어Private Speech로 해석했다. 그는 아동이 퍼즐을 맞추며 "이걸 먼저 놓고, 그다음에는…"이라고 중얼거리는 순간, 혼잣말이 사고를 안내하는 도구로 작동한다고 설명했다. 이러한 사적 언어는 성인에게도 내면화되어 '내적 독백Inner Speech'으로 남아, 문제 해결과 자기조절에 기여한다.

두 학자의 견해 차이는 학계에 다양한 논의를 불러일으켰지만, 오늘날에는 비고츠키가 말한 사적 언어 개념이 좀 더 폭넓게 수용되고 있다. 아이들이 "이 퍼즐은 어디에 둬야 하지?" "색깔은 이게 맞겠지?" 같은 혼잣말을 내뱉다가 어른이 되면, 더 이상 소리 내어 말하진 않더라도 머릿속에서 '이번 일을 어떻게 처리해야 하지?'라고 혼잣말로 생각을 정리하는 과정을 경험하게 된다. 나아가 자기대화는 정서적 위기 극복이나 목표 달성 과정에서도 큰 역할을 한다. '조금 힘들어도 여기까진 해낼 수 있어' '오늘은 이만큼만 하면 돼' 같이 스트레스로 지친 마음을 재정비하면서도 구체적인 목표를 설정하고 실천하는 과정에서 언어적 자기 응원을 반복하면서 동기를 유지할 수 있는 것이다.

심리치료와 정신건강 분야에서도 자기대화가 핵심 연구 주제다. 인지치료의 창시자 아론 벡Aaron Beck이나 자기교습법Self-instructional Training을 개발한 도날드 마이켄바움Donald Meichenbaum은 왜곡된 자기대화를 새로운 언어로 재구성해 행동을 바꾸도록 했다. 예를 들어 '나는 늘 실패만 하잖아'라는 독백이 자주 반복되고 있다면 '정말 단 한 번도 성공한 적이 없는 걸까?' '내게도 가능성이 있지 않을까?' 같은 새로운 언어 틀을 만듦으로써 부정적 믿음을 조금씩 바꾸도록 돕는다. 실제 상담에서도 '자신이 지금 스스로에게 어떤 말을 하고 있는지 관찰하라'는 과제가 주어지는데, 이는 자기대화가 곧 사고 틀과 행동 패턴을 결정하기 때문이다.

무심한 혼잣말은 정체성에도 깊이 개입한다. 심리학자 에릭 홈부르거 에릭슨Erik Homburger Erikson은 성장 과정에서 누구나 '나는 누구인가'라는 정체성의 위기를 맞는다고 했는데, 이때 우리는 대개 내면의 목소리와 끝없이 상의한다. '난 왜 이 모양이지'라는 혼잣말은 '실수하는 나'라는 정체성을, '그래도 잘했어'라는 말은 '할 수 있는 나'라는 정체성을 구축한다. 성인이 된 이후에도 환경이 변하거나 중요한 결정을 내려야 할 때, 또 다른 차원의 정체성 위기가 찾아오기도 한다. '이 직장을 계속 다니는 게 맞을까?' '내가 정말 원하는 삶은 어떤 걸까?' 같은 질문이 갑자기 고개를 드는 것처럼 말이다.

- ☐ 이 직장을 계속 다니는 게 맞을까?
- ☐ 내가 정말 원하는 삶은 어떤 걸까?
- ☐ 지금 자신에게 가장 자주 하는 말은 무엇인가?

평균 수명이 기하급수적으로 늘어나고, 건강한 삶이 보편화되면서 정체성에 대한 물음은 더욱 오래 우리를 따라다닌다. 과거에는 40, 50대만 되어도 은퇴가 머지않았다고 여기는 사람이 많았지만, 오늘날엔 60대에도 또 다른 삶의 변곡점을 계획하는 사람들이 적지 않다. 에릭슨이 말한 노년기의 자아 통합 대 절망 Ego Integrity vs. Despair은 인간 발달의 마지막 단계로, 노년기에 자신이 살아온 삶을 통합적으로 수용하면 자아 통합에 이르고 그렇지 못하면 후회와 공허함, 절망에 이른다고 본 이론이다. 하지만 오늘날 이 개념은 단지 생애의 마지막 과업을 넘어, 삶의 시기마다 되풀이되는 내면의 통합 과정으로 이해할 수 있다. 자신의 경험을 긍정하고 통합하는 내적 대화가 자아 통합으로 이끄는 반면, 부정적 혼잣말은 절망을 강화한다.

결국 우리는 자신의 정체성을 탐색하고 구축하는 동안 스스로에게 던지는 질문과 답변을 통해 행

영혼은 자기 생각의 색으로 물든다.

— 마르쿠스 아우렐리우스

무심한 혼잣말이 매 순간 나 자신의 정체성을
만든다면, 서사 정체성을 담은 한 줄인 자기확신은
인생의 큰 전환점마다 나를 붙드는 언어가 된다.
혼잣말이 나를 비춰주는 불빛이라면,
나만의 자기확신은 인생 항로를 지켜주는 등대다.

동 방향을 정하며, 자신의 스토리를 조금씩 다듬어가고 있다. 어린 시절부터 시작된 혼잣말이 성인기까지 이어지면서 생각보다 훨씬 광범위하게 우리의 삶과 정체성에 개입하고 있는 것이다. '이번만큼은 꼭 성공해야 해' '좀 더 과감해져보자' '너무 고민 말고 우선 그냥 해보자' 같은 자기대화는 실제 행동을 유도하는 지침이 되기도 한다. 행동이 축적되고 결과가 따라오면, 그 경험이 다시 정체성의 일부가 되는 것은 물론이고, 자존감 형성에도 긴밀한 영향을 미친다. '좀 힘들지만 견딜 만해' '조금씩 나아지고 있어' 같은 긍정적 속삭임은 스스로를 다잡는 강력한 힘으로 작용한다. 이 과정에서 자기효능감Self-efficacy이 올라가면 '나는 할 수 있는 사람'이라는 정체성도 조금씩 단단해진다.

혼잣말 하나에도 우리의 감정이 달라지고, 선택이 바뀌며, 정체성이 흔들린다. 그렇다면 그 힘이 모여 하나의 서사로 응축되었을 때는 어떨까? 무심한 혼잣말이 매 순간 나 자신의 정체성을 만든다면, 서사 정체성을 담은 한 줄인 자기확신은 인생의 큰 전환점마다 나를 붙드는 언어가 된다. 혼잣말이 나를 비춰주는 불빛이라면, 나만의 자기확신은 인생 항로를 지켜주는 등대다. 따라서 혼잣말이 지닌 힘을 긍정하고 그것이 응축된 자기확신을 내 삶의 중심에 두는 것은 삶 전반에 걸쳐 중요한 일이다. 우리는 그 불빛과 등대 사이에서 매일의 나를 찾아가는 항해를 이어갈 것이다.

있는 그대로 받아들이면
나아갈 수 있다, 수용의 태도

우리는 살면서 격언과 좌우명에 기대곤 한다. 교실 앞의 교훈, 액자 속 가훈처럼 멀리 갈 필요도 없다. 자신이 쓰는 책상 주변 이곳저곳에 달라붙어있는 포스트잇에는 잊으면 안 되는, 일상에서 놓치기 쉬운 순간들이 적혀 있다. '매사 감사하자' '사소한 것에도 감사하는 마음을 갖자' '포기하지 말자'처럼 말이다.

격언, 좌우명, 신념과 같은 짧은 문구는 심리학적으로 볼 때 단순히 일시적인 동기 부여를 넘어 한 사람의 내적 태도와 정체성에 깊은 영향을 미친다. 격언이나 좌우명을 적고, 붙이고, 잘 보이는 곳에 써두는 행위 자체가 반복적으로 참고하겠다는 선언이나 다름없다. 지속적인 재확인은 문장을 내면화Implicit하여 불안과 회피 대신 과제 집중과 행동 선택을 촉진한다. '포기하지 마라' '할 수 있다' 같은 문장은 공허해 보일 수 있지만, 결정적 순간에 빠르게 각성도를 조절하고 실행 의지를 끌어올리는 건 대체로 이런 간결한 자기진술이다.

실제로 심리학자 셔먼Sherman과 동료들의 연구에서는 학생들의 좌우명, 신념이 학업 성과와 동기에 미치는 영향을 조사했다. 연구자들은 라티노 미국인 학생들을 실험 참여자로 선정했다. '라티노 학생들은 백인 학생들보다 학업 성취도가 낮다' 같은 편견이나 고정관념이 학생들의 정체성을 위협하는 상황에서, 학생들 스스로 중요하게 생각하는 좌우명이나 신념, 가치를 적어보는 행위가 성적 상승에 유의미한 효과를 주었고 그 효과가 수년간 지속되었다는 결과를 보여줬다. 장기 추적을 위한 추가 실험으로 학생들에게 일기를 작성하도록 해 좌우명이나 신념을 되새기는 활동이 어떤 변화를 일으키는지 조사했다. 분석 결과, 자신의 좌우명이나 신념, 가치를 자주 언급할수록 세상을 넓게 바라보고 해석하려는 태도가 빈번하게 발견되었다. 외부의 위협에도 자신의 정체성을 공고히 다지며 성장 동기를 발전시키려는 내면의 과정을 기록에서 살펴볼 수 있었다. 자기가치 확인 Values Affirmation의 효과가 실제 성과로도 이어지는 메커니즘은 간단하다. '나는 어떤 사람인가'를 스스로 상기하는 짧은 글쓰기가 위협, 편견이 위발하는 스트레스 반응을 완충하고, 그 틈에 학습 행동이 쌓이도록 만드는 것이다.

이후 심리학자들은 개개인의 정신 건강에 여러 신념들이 어떤 영향을 미치는지 여러 각도에서 연구해왔다. 한때 우리나라 사회에 '열등감'이라는 말이

유행처럼 번지며 심리학자 아들러Adler의 이론들이 주목을 받은 적 있다. 사회심리학자 페스팅거Festinger 역시 아들러만큼이나 열등감을 논할 때 빼놓을 수 없다. 그는 사회 비교 이론Social Comparison Theory을 통해 비교하려는 인간의 본능적인 동기를 강조했다. 즉 인간은 기본적으로 자신의 능력이나 의견 등을 평가하고 다른 사람과 비교하는 경향이 있다. 이 행위를 통해 자신의 모습을 돌아보고 다른 사람을 역할 모델로 삼아 새로운 습관이나 노하우 등을 배운다.

비교가 우리의 본능이라면, 비교로 인한 열등감 역시 피할 수 없는 숙명이다. 나이, 성별, 학벌, 직업, 소득, 거주지, 재산, 외모 등 비교할 대상은 너무 많고, 우리 중 그 누구도 모든 면에서 완벽할 수도 없다. 그래서 '남과 비교하지 말자' '나를 있는 그대로 사랑하자' '나는 존재 그 자체로 가치 있고 존중받을 사람이다' 같은 한 마디는 흔히 볼 수 있으면서도 실제로도 자존감을 채우는 강력한 한 마디다.

이러한 접근에 관해 심리학자들은 자기수용Self-acceptance이라 부른다. 자기수용과 관련된 연구 중 자주 언급되는 분야가 바로 마음챙김Mindfulness과 수용-전념 치료Acceptance and Commitment Therapy, ACT이다. 두 접근법 모두 불편한 생각이나 감정을 없애기보다는 판단 없이 알아차리고 수용하는 태도를 강조한다. 그중 마음챙김은 '지금 여기'에서 일어나는 경험에 주의를 기울이면서 관찰하는 태도를 말한다. 가장 기본적인 출발점 중 하나는 자신을 마치 타인처럼 혹은 제3자처럼 떨어져 바라보는 것이다. 흔히 화가 나거나 불안할 때 생각과 감정에 과도하게 빠져들어 자기 자신을 잃고, 생각이나 감정을 자신과 동일시하는 상태에 접어든다. 이때 그 생각과 감정 대신 자신의 숨소리, 신체 감각, 주변 환경에서 들려오는 소리, 공기가 피부에 닿는 느낌 등에 집중하되, 잡념이 떠오르거나 집중의 대상이 바뀌어도 제거하기 보다는 알아차린 다음 다시 감각으로 돌아오는 과정을 반복한다.

신체적 감각부터 자신의 마음에 일어나는 온갖 감정과 생각의 파편들까지 차츰 받아들이는 범위를 넓혀 가다 보면 '나를 있는 그대로 받아들이고 사랑하라'는 한 마디를 느낄 수 있게 된다.

마음챙김의 이 원리를 기반으로 치료적 개입으로 확장시킨 것이 바로 수용-전념 치료다. 보통의 인지치료에서는 '나는 어차피 패배자일 뿐이야' '세상에는 오직 위험한 사람들만 가득해' '뭔가 나쁜 일이 일어날 것 같아' 식의 잘못된 생각들을 더 이상 하지 않도록 고치는 게 목적이라면, 수용-전념 치료에서는 그러한 비합리적 신념마저도 수용하고 받아들이라고 조언한다. 그러한 불쾌한 생각들이 자신을 괴롭히지 못하도록 적극적으로 대면하면서 '이제 너무 많이 봐서 별것 아닌 일'처럼 느껴지도록, 그래서 결국 그 영향력에서 벗어나도록 안내한다. 이 접근은 불안이나 열등감, 죄책감 등 부정적인 감정과 싸우거나 회피하는 대신 '이 감정을 안고도 내가 진짜로 이루고 싶은 것은 무엇인가?'라는 질문에 답하며 한걸음씩 전진하도록 이끈다.

☐ 스스로를 비난하는 순간은 어느 때인가?
☐ 부정적인 감정을 안고도 내가 진짜로 이루고 싶은 것은 무엇인가?

수용-전념 치료를 창시한 심리학자 헤이즈Hayes와 동료들은 자신의 내면을 있는 그대로 받아들이자는 간단한 문구를 매일 기록하고 되새기는 수용-전념 치료가 내담자들의 심리적 유연성Psychological Flexibility과 회복탄력성을 유의미하게 높인다고 보고한 바 있다. 다른 연구인 마음챙김 기반 스트레스 감소 프로그램Mindfulness-Based Stress Reduction, MBSR으로 잘 알려진 심리학자 카밧 진Kabat-Zinn은 만성 통증 환자와 일반인을 대상으로 호흡 명상, 바디 스캔, 요가 등을 활용한 훈련이 스트레스 반응뿐 아니라 실제 통증 인식과 혈압, 면역 기능 등 신체적 지표에도 긍정적인 영향을 미친다는 사실을 밝혀냈다. 자기수용의 신념과 노력은 단순히 정신 건강 차원에만 국한되지 않고 신체적·정서적 안정부터 대인 관계, 직무 혹은 학업에서의 효율성에 이르기까지 우리 삶의 다양한 부분에 긍정적인 영향을 미친다.

여기서 중요한 오해 하나를 걷자. 자기수용은 '모든 걸 포기하고 편해지자'는 의미가 아니다. 비교와 경쟁이 일상인 우리 사회에서 '나는 이대로도 괜찮다'는 짧은 자기확신은 과도한 자기비난을 일시 중단시키고, 거기서 생긴 인지적 여유를 가치를 지향하는 행동으로 돌릴 수 있는 하나의 가능성이다. 실패했을 때 '아, 지금 나는 나를 혹독하게 비난하는 중이구나'라고 인정하고, '괜찮아, 이 모습도 지금의 나야'라고 입 밖으로 또는 머릿속으로 짧게 말해보라. 그 즉시 문제는 해결되지 않아도, 문제를 다룰 내가 돌아온다. 이러한 미세한 언어적 멈춤이 누적될수록 하루의 질과 선택의 질이 바뀐다.

아이러니하게도 자기수용 메시지의 힘은 우리의 삶이 그만큼 경쟁적이고 고달플수록 더욱 극적으로 나타나는 면이 있다. 학교에서, 직장에서, 사회에서 다른 사람들과의 끊임없는 비교와 스스로에 대한 실망감 등은 우리 마음속에 불안이나 좌절감을 키우기 마련이다. 끊임없이 정체성을 위협하는 상황에서 자기수용을 담은 자기확신이 공허하게 들리지 않으려면 반복과 맥락화가 필요하다. 예컨대 일상 루틴 속 의도적 반복(아침 알림 한 줄, 일기 마지막 줄, 회의 직전 속으로 읊는 한 줄)은 그 말을 행동 직전의 문턱에 놓아준다. 선언적 문장은 '지금-여기'로 주의를 불러와 감정-사고-행동의 연결 고리를 만든다.

그렇게 촉발된 자기수용은 멈춤이 아니라 출발이다. 심리학자 칼 로저스는 "내가 나 자신을 있는 그대로 받아들일 때, 나는 변화할 수 있다"고 말했다. 자기수용은 현실에 안주하는 태도가 아니라, 변화의

문을 여는 가장 온화한 방식이다. 소설이나 영화 속 인물들을 통해 그 과정을 들여다보면 로저스의 말을 훨씬 더 깊이 이해할 수 있다.

일례로 전 세계에서 1,000만 부 팔리고,《뉴욕 타임스》베스트셀러 순위에 187주간 랭킹됐던 『먹고 기도하고 사랑하라』에서는 저자의 자기수용의 과정을 여실히 보여준다. 서른두 살에 이혼과 우울, 삶의 방향을 상실했던 그는 1년간 세계 여행을 다니며 이탈리아에서는 먹는 즐거움을, 인도에서는 명상과 기도를, 발리에서는 사랑을 통해 자기 자신을 받아들였다. 그는 책에서 분명하게 말한다. "나의 진짜 여정은 세상의 어딘가가 아니라 내 안으로 향하는 길이었다"라고 말이다.

『먹고 기도하고 사랑하라』가 비교적 즐거운 자기수용의 과정을 보여줬다면 영화 〈와일드〉의 주인공 셰릴은 태평양 산맥 종주길에 오르는 극한의 방법을 택한다. 체력도, 장비도, 경험도 부족한 셰릴이

남편과의 이혼, 어머니의 죽음, 그리고 자신이 그간 저지른 수많은 실수와 방황들을 떠올리는 한편, 발톱을 뽑아야 하는 등 종주길에서 마주할 법한 고통들을 고스란히 겪는다. 뭐가 더 괴로운 일일지 의아할 때쯤, 셰릴은 고독한 길에서 자신이 미워했던 자신을 떠올리다 "내가 나 자신을 용서한다면 어떨까?"라고 묻는다. 그렇게 시작된 자기수용의 과정은 그의 말대로 "내가 이 길을 선택한 건 나를 잃었기 때문이 아니라, 나를 다시 만나기 위해서였다"라는 것을 인정하게 된다.

자기수용의 한 줄은 거창할 필요가 없다. '나는 충분히 괜찮다' '지금의 나도 받아들인다'처럼 단순한 한 마디일수록 반복하기 쉽고, 그만큼 깊이 각인된다. 자기수용을 담은 자기확신은 삶의 전환점마다 나 자신을 불러오는 언어다. 내 안의 비난을 잠재우고 나를 돌보게 하는 자유의 언어다. 오늘 내 마음속에서 부정적인 말이 고개를 들 때, '괜찮아, 지금 모

**받아들이고, 그 다음에 행동하라.
지금 이 순간에 일어나는 일을 마치
네가 선택한 것처럼 받아들여라.**

— 에크하르트 톨레

자기수용은 '모든 걸 포기하고 편해지자'는
의미가 아니다. 비교와 경쟁이 일상인 우리 사회에서
과도한 자기비난을 일시 중단시키고, 거기서 생긴
인지적 여유를 가치를 지향하는 행동으로
돌릴 수 있는, 하나의 가능성이다.

습도 나야' 같은 자기확신을 놓아보라. 반복되는 이 작은 선언이 쌓일 때, 우리는 경쟁과 비교로 흔들리지 않고 자기 자신을 존중하며 살아갈 힘을 얻게 될 것이다.

희망이 아닌 전략으로 움직인다, 실현의 기술

상상의 힘에 대해 생각해본 적 있는가. 우리는 종종 '승진했다' '시험에 합격했다' '사업이 대박 났다' 같은 장면을 상상하며 '언젠가 그렇게 될 수 있지 않을까' '간절히 바라면 이루어진다'며 자발적으로 동기를 부여하려 한다. 하지만 심리학자들의 연구에 따르면 긍정적 상상만으로는 변화가 잘 일어나지 않는다고 말한다. 긍정적인 결과를 상상하는 것이 큰 위안과 동기를 주는 것처럼 느껴지지만 오히려 목표 달성에 방해가 될 수 있다고도 한다.

'나는 반드시 A학점을 받을 거야' 혹은 '사업에 성공해 부자가 될 거야'처럼 긍정적인 미래만을 마음속에 그리느라, 실제로 그 목표를 달성하기 위해 필요한 구체적인 준비나 실행 계획을 세우지 못하고 그 자리에 머물기 쉽기 때문이다. 달콤한 미래를 반복해서 그릴수록, 마치 이미 성취를 맛본 듯한 '심리적 포만감'이 생겨 실제 행동이 둔해지는 것이다.

자기실현은 희망의 세기보다 행동으로 이어지는 설계에 달려 있다. 이를 잘 보여주는 대표적인 인물이 토머스 에디슨이다. 그는 "나는 실패한 적이 없다. 단지 작동하지 않는 1만 가지 방법을 발견했을 뿐이다"라고 말했다고 전해진다. 실패를 비관으로도 낙관으로도 덮지 않고, 다음 실험의 지도로 삼은 것이다. 실제로 그는 실험노트에 매일의 결과를 기록하며 실패의 패턴을 분석했다. 그렇게 한 걸음씩 개선해가는 과정이야말로 그가 말한 '천재성의 99%는 땀'이라는 말의 의미이기도 했다. 수많은 실패를 거듭하면서도 좌절하지 않을 수 있었던 이유는 '언젠가 되겠지'라는 막연한 희망 때문이 아니라, '어디서 안 됐는지'에 대한 명확한 관찰 덕분이었다. 그의 자기실현은 상상을 크게 하는 것이 아니라 실행을 작게 쪼개는 일에서, 끊임없이 가설을 세우고 결과를 점검하는 실행의 시스템이었다. 여기서 핵심이 되는 두 가지 도구가 있다. 정신적 대조Mental Contrasting와 실행 의도Implementation Intention다.

심리학자 가브리엘레 외팅겐Gabriele Oettingen이 제안한 정신적 대조란, 자신이 원하는 미래의 목표와 그 목표가 이루어졌을 때 얻을 수 있는 긍정적인 결과를 생생하게 상상하는 동시에, 그 목표를 이루는 데 방해가 될 수 있는 현실적인 장애물을 객관적으로 인식하는 방법이다. 이때 중요한 건 어떤 장애물을 상상하느냐 같은 디테일보다 공상에만 머무르지 않고 장애물을 직면하려는 태도 그 자체다.

외팅겐은 다양한 실험 연구를 통해 정신적 대조가 목표 달성에 매우 효과적인 전략임을 입증한 바 있다. 예를 들어 한 연구에서는 독일 대학의 대학원생 83명을 대상으로 '취업'이라는 인생 과제에 대해 실험을 진행했다. 참가자들에게 자신의 전공 분야와 관련된 선망하는 일자리를 얻을 가능성에 대해 10점 척도로 평가하도록 했다. 이때 '얼마나 적절한 일자리를 얻을 것 같은가?'나 '좋은 일자리를 얻는 것이 얼마나 중요한가?'와 같은 질문을 통해 기대와 그에 따른 동기를 측정했다. 이어서 참가자들에게 일상에서 취업과 관련해 긍정적 및 부정적인 생각이나 이미지를 얼마나 자주 경험했는지 기록하도록 했다. 긍정적 공상과 부정적 공상의 빈도를 각각 평가한 다음, 이후 2년간의 실제 성공 지표(일자리 제안을 받은 수, 현재 급여, 지원한 이력서 수 등)를 비교했다.

그 결과 긍정적인 결과를 공상(일명 환상Fantasy)한 참가자들보다 긍정적인 상상과 현실적인 어려움 등을 종합적으로 고려해 기대Expectation를 형성한 참가자들이 실제로 더 많은 일자리 제안을 받았고, 높은 급여를 얻는 등 긍정적인 성과를 보였다. 공상에 몰두한 참가자들은 상대적으로 이력서 제출 등 구체적인 행동이 부족해 성공 확률이 낮았다.

기대가 작동하는 메커니즘은 간단하다. 긍정적인 미래를 그리면 에너지가 생긴다. 곧바로 현실의 장애물을 대조하면 그 에너지를 어디에 써야 하는지 방향을 얻는다. 그렇다면 그 방향을 현실로 이룰 전략은 어떻게 마련할 수 있을까? 어떻게 해야 공상에 빠지지 않고 현실적인 기대를 형성할 수 있을까? 심리학자 피터 골비처Peter Gollwitzer는 실행 의도라는 전략을 제안했다.

실행 의도란, '만약 X라는 상황이 발생하면 나는 Y를 하겠다'라고 구체적이고 조건적인 계획을 세우는 전략이다. 이 한 줄이 강력한 이유는 의지력 소모나 결정 피로를 줄여 자동 실행을 유도하기 때문이다. 조건과 행동을 연결한다는 점에서 'IF-Then 코드'라고도 불린다. 실행 의도가 효과를 발휘하기 위해서는 목표를 달성하려는 강한 결심, 달성하고자 하는 목표와 관련된 상황(X)과 그 상황에서 취할 구체적인 행동(Y)이 명확히 정의되어야 한다. X와 Y의 내용은 직관적으로 이해할 수 있도록 자세하면서도 간결해야 한다. '아침에는 그날의 목표를 세워야지' 보다는 '아침 7시 30분 알람이 울리면 하루 목표를 노트에 한 줄 기록한다'가 더 낫다. '명령은 가급적 단순하게'라는 말처럼 자신에게 하는 말도 마찬가지다. 해석할 필요도 여지도 주지 않고 곧바로 말을 이행할 수 있도록 가급적 짧고 단순할 필요가 있다.

정신적 대조 전략MC과 실행 의도II 전략은 상호 보완적이다. 정신적 대조는 자신이 원하는 긍정적인 미래를 생생하게 상상하고, 동시에 그 목표를 이루는 데 방해가 되는 현실적인 장애물을 인식함으로써 내적 동기를 강화한다. 하지만 실제 행동을 개시하는

데 필요한 구체적인 실행 계획이 부족할 수 있다. 실행 의도 전략은 구체적인 If-Then 계획을 세워 목표 달성을 위한 행동을 자동으로 유발하는 데 중점을 둔다. 하지만 목표와 관련된 장애물이나 상황이 명확하게 설정되어 있지 않으면 효과를 발휘하기 어렵다.

이러한 한계를 극복하고 두 전략의 장점을 결합한 결과가 MCII_{Mental Contrasting with Implementation Intentions} 전략이다. 구체적인 도구는 외팅겐이 제안한 WOOP_{Wish, Outcome, Obstacle, Plan}로, 먼저 이루고 싶은 목표를 정하고(Wish), 그것이 이루어졌을 때의 긍정적 결과를 상상한 뒤(Outcome), 목표를 가로막을 장애물을 구체적으로 인식한다(Obstacle). 마지막으로 그 장애물을 마주했을 때 취할 행동을 If-Then 문장으로 코딩한다(Plan). 예를 들어 "매일 30분 글을 쓰겠다"는 목표를 세운 뒤 글을 완성했을 때의 성취감을 그려보고, 저녁 시간 SNS에 빠져드는 습관을 장애물로 지정한 다음, "만약 저녁 9시에 휴대폰을 집어 들면, 바로 비행

모드로 전환하고 30분간 문장 다듬기를 시작한다"라고 구체적인 규칙을 세우는 식이다.

- ☐ 무엇을 이루고 싶은가?
- ☐ 그것을 이루면 어떤 결과가 나오는가?
- ☐ 그것을 방해하는 요소는 무엇인가?
- ☐ 만약 _____ 하면, 나는 _____ 한다.

심리학자 마리케 아드리아안스Marieke A. Adriaanse와 동료들은 MCII 전략이 건강에 해로운 간식 섭취를 줄이는 데 효과적이라고 보고했다. 단순히 긍정적인 상상만 한 참여자 집단에 비해 MCII 기법을 적용한 참여자 집단이 구체적인 실행 계획을 통해 실제 간식 섭취를 더욱 줄였다는 유의미한 결과를 보였다. 또한 심리학자 미하엘 K. 마르콰르트Michael K. Marquardt와 동료들은 뇌졸중 환자들을 대상으로 MCII 전략이 장기적으로 신체 활동을 늘리고 체중을 줄이는 데

당신의 믿음은 생각이 되고,

생각은 말이 되며, 말은 행동이 되고,

행동은 습관이 되며, 습관은 가치가

되고, 가치는 결국 운명이 된다.

— 마하트마 간디

공상은 달콤한 심리적 포만감으로
우리를 멈추게 하지만, 설계된 자기확신은
앞으로 나아가게 한다.

효과적이라는 사실을 확인했다. 이 외에도 최근 연구에서는 MCII가 언어 학습, 절제력 향상, 감정 조절, 심지어 우울증 등 정신 건강 영역에서도 긍정적인 변화를 이끌어낼 수 있음을 보여준다.

이러한 근거는 자기실현이 단순한 긍정적 암시에 의존해서는 이뤄지지 않는다는 점을 분명히 한다. 달콤한 미래만 그리다 보면 '심리적 포만감'에 갇혀 지금 필요한 행동은 빠져버리기 쉽다. 반대로 MCII 전략처럼 미래의 장애물을 함께 인식하고, '만약 X 상황이 오면, 나는 Y하겠다'는 If-Then 계획을 세움으로써 말의 힘을 행동의 힘으로 전환할 수 있다. 이렇게 선언된 자기확신은 공상이 아니라 실행을 자동화하는 구체적인 약속이 된다.

자기실현은 상상을 현실로 잇는 길을 닦는 과정이다. 포춘쿠키 속 문장 하나가 하루를 다르게 시작하게 만들듯, 반복되는 자기 언어는 우리의 선택을 움직인다. 하지만 그것이 진짜 힘을 발휘하려면 실행 계획과 결합해야 한다. 자기확신은 거창한 이상이 아니라 매일의 장애물 앞에서 나를 움직이게 하는 경험의 누적이다. 그 작은 실천이 쌓일 때, 원하는 미래는 더 이상 공상이 아니라 자기 자신으로 완성될 것이다.

에필로그

지금까지 자신만의 한 줄, 자기확신을 찾는 여정을 지나왔다. 독자 중 누군가는 마침표를 찍었을 테지만, 대부분은 그간 자신도 몰랐던 자신에 대한 정보를 가득 안은 채 혼란스럽기도 할 것이다. 어려운 게 당연하다. 서사 정체성에 기반한 자기확신은 그저 멋진 구호가 아니라 삶 전체를 압축하고 이끄는 전략이기 때문이다. 우리는 자신의 과거 사건들을 단순히 나열하는 데서 그치지 않고, 반복되는 감정, 유사하게 작동하는 욕구, 생생한 깨달음을 찾아내 '내 인생이 어떻게 굴러가는지' 근본 원리를 찾는 길에서 있다.

여러 어려움 끝에 자기확신에 이르렀다고 해도 이것이 만능열쇠는 아니라는 사실이다. 더 나아가 자기확신이 어느 순간 비합리적 신념 Irrational Belief 으로 돌변해버리는 함정도 있다. 자기확신의 과정은 필연적으로 배제의 과정이기 때문이다. 어떤 이야기를 남기고 무엇을 지울지 결정하는 순간 단순화와 낙인의 위험이 함께 따라온다. '내가 옳다'는 정당화가 커지는 순간 현실을 왜곡하고 타인의 목소리를 밀어내기 쉽다. 한 줄을 사랑한 나머지 그 한 줄에 갇히는 것이다.

그래서 우리는 유연한 집착을 배워야 한다. '자기확신은 고집이 아니라 성장이다'라는 전제하에 수정과 보완을 두려워하지 않는 태도를 가져야 한다. 핵심은 지키되 방식은 바꿀 수 있어야 한다. 삶이 바뀌면 문장도 달라져야 한다. 점검은 어렵지 않다. 나름대로 정립한 자기확신이 주변 현실이나 사람들과 맞지 않다고 느껴질 때, 묘하게 불편함이 쌓일 때, 중요한 사건이 일어날 때, 두 가지만 스스로에게 물어보자. '처음 자기확신을 만들었던 의도와 지금의 현실이 여전히 맞물리는가?' '자기확신이 지금의 나를 살리고 있는가, 아니면 더 힘들게 하고 있는가?' 이 질문에 답하는 과정에서 필요하다면 문장을 다듬으면 된다. 조건을 바꾸고, 핵심어를 교체하고, 때로는 새로 쓰는 것이다. 이것이 살아 있는 자기확신의 조건이다. 내 삶에서 혼란은 사라져야 한다고 다그칠 것이 아니라, 혼란을 다루는 속도와 양질을 바꾸는 것이다. '흔들리지 않음'보다 흔들려도 금세 중심을 회복하는 것이다.

자기확신은 그 회복을 돕는 메타인지 스위치다. 상황이 흔들릴 때 즉시 떠올라 방향을 정하게 하고, 자기대화를 통해 자연스럽게 흘려보낸다. 자기확신은 고정불변의 강박이 아니라, 가변성이 낮은 핵심과 가변성이 높은 전략을 구분해 운용하는 능력이다.

여기에 한 가지 더하자면, 타인의 자기확신을 존중하는 태도다. 서로 다른 서사 정체성은 때로 충돌하지만 그 충돌은 새로운 관점을 배우는 통로이기도 하다. 내 삶이 '즉시 행동'하는 모드로 굴러간다면 누군가는 '심사숙고'의 모드로 움직일 수 있다. 표면적으로 우선은 '왜 저러지?' 하며 서로 답답해 보이겠지만, 각자의 자기확신이 각자의 방식대로 유효한 성과를 내는 걸 확인하며 뜻밖의 통찰을 얻을 수 있다. 서로의 자기확신이 자극이 되어 각자 몰랐던 사고방식을 이해하고 수용하게 되는 것이다.

그 과정은 연결되어 있지만 외로운 관계나, 대화하는 듯 보이지만 일방적인 자랑 같은 상황 대신 친밀한 교류와 깊은 관계로 이끈다. 자기확신이 상대에 대한 편견이나 오해를 방지해주는 장치인 셈이다. 나름 친하다고 여기며 오래 알고 지내온 사이에서도 '좌우명'이나 '나만의 결론'조차 이야기나눠 본 경험은 흔치 않을 것이다. 하지만 막상 해보면 타인과의 공존은 이상이 아니라 관계의 기술이며, 나의 자기확신을 더 현실에 적합하게 만드는 학습임을 알 수 있을 것이다.

자기확신은 어려운 과정이다. '나'라는 재료가 복잡해서, 배제가 필연적이라, 굳어질 위험이 있어서, 계속 고쳐 써야 해서 어렵다. 그럼에도 필요하다. 자기확신이야말로 생각을 관찰하고, 짧게 말해, 깊게 실행하는 가장 간단하고 효율적인 장치이기 때문이다.

자기확신하되 영구 보존판이 아니라 작업 중인 버전으로 남겨두자. 신호가 오면 묻고, 맞지 않으면 고치고, 때로는 과감히 버리자. 유연한 사고만이 성장한다. 그리고 그 유연함을 켜는 스위치는 언제나 자기확신에 있다.

마지막으로 한 가지 부탁을 하고 싶다. 이 책을 덮은 후 1년이 지났을 때, 다시 한번 펼쳐보길 바란다. 그때 당신이 만든 자기확신의 한 줄이 여전히 당신의 마음을 울리는지, 아니면 어딘가 맞지 않는 옷

처럼 느껴지는지 확인해보라. 어느 쪽이든 괜찮다. 그 느낌 자체가 당신이 얼마나 변화했는지를 보여주는 증거이며, 자기확신이 살아 있다는 신호이기 때문이다. 1년이라는 시간은 충분히 길어서 당신의 욕구가 바뀔 수 있고, 새로운 터닝 포인트를 맞이할 수 있으며, 더 정확한 표현을 발견할 수 있다. 자기확신은 한 번 만들면 끝나는 것이 아니라, 당신과 함께 호흡하며 진화해야 하는 살아 있는 언어다. 1년 후 다시 이 책을 펼쳤을 때 당신의 한 줄이 여전히 유효하다면 축하할 일이고, 수정이 필요하다면 그것 역시 성장의 증거다. 그러니 지금 당장 달력에 표시해두자. 1년 후 오늘, 이 책을 다시 읽는 날을.

부록

1. 감정 단어 사전

서사 정체성을 구축할 때 가장 어려운 부분 중 하나가 바로 자신의 감정을 정확한 언어로 표현하는 일이다. '그냥 좋았어' '별로였어'라는 막연한 표현 대신, 구체적인 감정 단어를 사용하면 자신의 경험을 더 선명하게 기억하고 의미를 발견할 수 있다. 이를 위해 긍정·부정·복합 감정으로 나누어 150개 이상의 감정 단어를 추렸다.

기쁨과 즐거움

- 행복하다, 기쁘다, 즐겁다, 신나다, 흥겹다
- 황홀하다, 환희에 차다, 희열을 느끼다
- 유쾌하다, 상쾌하다, 경쾌하다, 통쾌하다
- 들뜨다, 들썩이다, 웃음이 나다
- 재미있다, 흥미롭다, 생동감 넘치다

만족과 평온

- 만족스럽다, 뿌듯하다, 보람차다, 성취감이 들다
- 평온하다, 고요하다, 평화롭다, 안온하다
- 편안하다, 여유롭다, 느긋하다, 한가롭다
- 차분하다, 안정적이다, 고즈넉하다
- 충만하다, 흡족하다, 넉넉하다

사랑과 친밀감

- 사랑스럽다, 애틋하다, 다정하다
- 따뜻하다, 포근하다, 정겹다

- 그립다, 소중하다, 아끼다
- 친밀하다, 가깝다, 끈끈하다
- 귀엽다, 사랑스럽다, 아련하다

감사와 존중

- 감사하다, 고맙다, 감격스럽다
- 존경스럽다, 경외롭다, 숭고하다
- 겸손하다, 공손하다, 경건하다
- 영광스럽다, 자랑스럽다, 떳떳하다

희망과 기대

- 희망차다, 기대된다, 설레다
- 기대감이 크다, 두근거리다, 궁금하다
- 낙관적이다, 긍정적이다, 밝다
- 용기가 난다, 힘이 난다, 자신감이 생긴다

슬픔과 우울

- 슬프다, 우울하다, 비참하다
- 서럽다, 처량하다, 쓸쓸하다
- 허전하다, 공허하다, 막막하다
- 외롭다, 고독하다, 쓸쓸하다
- 침울하다, 암울하다, 울적하다
- 상실감이 든다, 허무하다, 덧없다

분노와 짜증

- 화가 난다, 분노한다, 격분한다
- 짜증난다, 약 오른다, 열받는다
- 억울하다, 분하다, 원통하다
- 괘씸하다, 밉다, 싫다
- 짜증스럽다, 성가시다, 귀찮다
- 신경질 난다, 예민하다, 날카롭다

불안과 두려움

- 불안하다, 초조하다, 조바심 난다
- 걱정된다, 염려된다, 근심스럽다
- 두렵다, 무섭다, 겁난다
- 불길하다, 섬뜩하다, 오싹하다
- 긴장된다, 떨린다, 조마조마하다
- 당황스럽다, 어리둥절하다, 혼란스럽다

수치심과 죄책감

- 부끄럽다, 창피하다, 쪽팔리다
- 민망하다, 멋쩍다, 어색하다
- 죄책감이 든다, 미안하다, 송구하다
- 후회스럽다, 후회된다, 뉘우친다
- 자괴감이 든다, 자책한다, 자학한다

실망과 좌절

- 실망스럽다, 허탈하다, 맥 빠진다

- 좌절한다, 낙담한다, 절망한다
- 배신감이 든다, 배신당한 느낌이다
- 서운하다, 야속하다, 섭섭하다
- 지친다, 힘들다, 피곤하다
- 무기력하다, 무력하다, 나약하다

혐오와 거부

- 역겹다, 징그럽다, 소름끼친다
- 불쾌하다, 불편하다, 거북하다
- 거북하다, 껄끄럽다, 찜찜하다
- 답답하다, 갑갑하다, 숨 막힌다

모순적 감정

- 시원섭섭하다 (기쁘면서도 아쉽다)
- 애증이 교차한다 (사랑과 미움이 공존)
- 씁쓸하다 (쓰면서도 달콤하다)
- 묘하다 (설명하기 어려운 복합감정)

- 착잡하다 (여러 감정이 뒤섞이다)
- 서글프다 (슬프면서도 그립다)

깊이 있는 감정

- 벅차다 (감정이 넘쳐 감당하기 어렵다)
- 숙연해지다 (진지하고 엄숙해지다)
- 숙연하다, 장엄하다, 경건하다
- 먹먹하다 (가슴이 꽉 차오르다)
- 뭉클하다 (감동으로 가슴이 뜨거워지다)
- 찡하다 (슬프면서도 감동적이다)

미묘한 감정

- 간지럽다 (기분 좋으면서도 어색하다)
- 애매하다 (명확하지 않은 감정)
- 미묘하다 (섬세하고 복잡하다)
- 오묘하다 (신비롭고 알 수 없다)
- 알쏭달쏭하다 (분명치 않다)

- 아리송하다 (확실하지 않다)

전환의 감정
- 후련하다 (답답함이 풀리다)
- 개운하다 (상쾌하게 풀리다)
- 시원하다 (속이 후련하다)
- 홀가분하다 (짐을 덜어낸 느낌)
- 해방감이 든다 (구속에서 벗어나다)
- 안도감이 든다 (걱정에서 벗어나다)
- 카타르시스를 느낀다 (정화되는 느낌)
- 정화되다, 순화되다, 승화되다

2. 질문 리스트

자기 자신을 깊이 탐구하기 위한 이 질문들은 당신의 서사 정체성을 발견하고, 자기 확신의 한 줄을 만드는 과정에서 나침반 역할을 할 것이다. 한 번에 모든 질문에 답할 필요는 없다. 하나씩, 천천히, 정직하게 답해보자.

과거 탐색 질문

- 어린 시절 가장 행복했던 순간은 언제인가?
- 지금까지 살면서 가장 큰 실패는 무엇이었나?
- 그 실패에서 무엇을 배웠나?
- 누군가에게 깊이 상처받았던 경험이 있나?
- 그 상처는 지금의 나에게 어떤 영향을 미쳤나?
- 예상치 못하게 성공했던 경험은 무엇인가?
- 인생의 방향을 바꾼 결정적 순간이 있었나?
- 그때 나는 어떤 선택을 했고, 왜 그 선택을 했나?
- 지금도 후회하는 일이 있다면 무엇인가?
- 과거로 돌아갈 수 있다면 가장 먼저 하고 싶은 일은?

현재 이해 질문

- 지금 나는 어떤 사람인가? 세 단어로 표현한다면?
- 최근 한 달 가장 많이 느낀 감정은 무엇인가?
- 지금 내 삶에서 가장 중요한 것은 무엇인가?

- 무엇을 할 때 시간 가는 줄 모르는가?
- 어떤 일을 할 때 가장 나답다고 느끼는가?
- 타인이 나를 어떻게 기억해주길 바라는가?
- 지금 내가 가장 두려워하는 것은 무엇인가?
- 현재 나를 가장 힘들게 하는 것은 무엇인가?
- 지금 당장 바꾸고 싶은 습관이 있나?
- 내가 가장 소중히 여기는 가치는 무엇인가?

패턴 발견 질문

- 나는 어떤 상황에서 반복적으로 실패하는가?
- 어떤 유형의 사람들과 갈등을 겪는가?
- 스트레스를 받을 때 나는 주로 어떻게 반응하는가?
- 같은 실수를 반복한 적이 있는가? 왜 그랬을까?
- 내 인간 관계에서 반복되는 패턴이 있는가?
- 중요한 결정을 내릴 때 나는 주로 무엇을 기준으로 삼는가?

- 나를 화나게 하는 것들의 공통점은 무엇인가?
- 나를 행복하게 하는 것들의 공통점은 무엇인가?
- 내가 자주 하는 변명이나 핑계는 무엇인가?
- 내가 피하고 싶어 하는 상황은 어떤 것들인가?

미래 설계 질문

- 5년 후 나는 어떤 모습이길 바라는가?
- 죽기 전에 꼭 이루고 싶은 것은 무엇인가?
- 내 인생의 마지막 날, 무엇을 후회하지 않고 싶은가?
- 어떤 사람으로 기억되고 싶은가?
- 지금부터 바꾸지 않으면 후회할 것 같은 것은 무엇인가?
- 내년 이맘때 나는 어떤 모습이길 바라는가?
- 노년의 나는 지금의 나에게 어떤 조언을 할까?
- 내가 진짜로 원하는 삶은 어떤 모습인가?
- 그 삶을 살기 위해 지금 당장 할 수 있는 일은 무

엇인가?
- 1년 후 가장 자랑스러워할 만한 변화는 무엇일까?

의미 탐색 질문

- 내가 이 세상에 태어난 이유는 무엇일까?
- 내 존재가 타인에게 어떤 의미일까?
- 어떤 일을 할 때 가장 의미를 느끼는가?
- 내가 세상에 남기고 싶은 것은 무엇인가?
- 나에게 행복이란 무엇인가?
- 나에게 성공이란 무엇인가?
- 내가 가장 소중히 지키고 싶은 것은 무엇인가?
- 무엇을 위해서라면 기꺼이 희생할 수 있는가?
- 지금 이 순간 나에게 가장 필요한 것은 무엇인가?

3. 참고할 만한 자기확신 문장 100

자기확신의 한 줄은 개인의 고유한 서사에서 나와야 가장 강력하지만 때로는 다른 사람의 문장을 보며 영감을 얻을 수 있다. 이 예시들을 참고해 자신만의 언어로 재구성해보자.

완벽주의 극복

- 완벽하게 준비하지 않아도, 나는 잘 흘러간다.
- 70%의 완성이 100%의 완벽보다 낫다.
- 완벽함보다 완료가 중요하다.
- 실수는 실패가 아니라 배움이다.
- 모든 것을 통제할 순 없고, 그래도 괜찮다.
- 불완전한 나를 사랑한다.
- 과정을 신뢰하면 결과는 따라온다.
- 계획대로 안 돼도 괜찮다, 나는 유연하다.
- 완벽하지 않아도 나는 충분히 가치 있다.
- 더 나은 것보다 다른 것을 선택한다.

자기수용

- 나는 있는 그대로 충분하다.
- 오늘의 나를 어제와 비교하지 않는다.
- 나는 나를 선택한다.
- 내 속도로 걷는다.

- 나는 내 편이다.
- 나의 불완전함이 나를 특별하게 만든다.
- 나는 나를 있는 그대로 받아들인다.
- 타인의 기준이 아닌 나의 기준으로 산다.
- 남과 비교하지 않는다, 나는 나다.
- 나는 충분히 괜찮은 사람이다.

도전과 성장

- 두려워도 한 걸음 나아간다.
- 실패는 성장의 다른 이름이다.
- 편안함보다 성장을 선택한다.
- 나는 계속 배우는 사람이다.
- 한계는 깨지라고 있는 것이다.
- 시작이 반이다, 일단 시작한다.
- 망설임보다 행동을 선택한다.
- 불가능은 없다, 다만 아직 시도하지 않았을 뿐.
- 나는 매일 조금씩 나아진다.

- 어제보다 나은 오늘을 만든다.

관계와 소통

- 경청이 이해의 시작이다.
- 나를 먼저 사랑해야 타인을 사랑할 수 있다.
- 경계는 거절이 아니라 존중이다.
- 진심은 통한다.
- 함께 가면 더 멀리 간다.
- 다름을 인정하고 차이를 존중한다.
- 먼저 손 내밀 수 있는 용기를 가진다.
- 모든 만남은 배움이다.
- 연결되되 의존하지 않는다.
- 나의 취약함을 드러낼 수 있는 용기.

회복탄력성

- 넘어져도 다시 일어선다.
- 이 또한 지나가리라.

- 고통은 나를 더 강하게 만든다.
- 위기는 기회의 다른 이름이다.
- 나는 이겨낸 경험이 있다.
- 힘들어도 포기하지 않는다.
- 상처는 치유된다, 시간이 필요할 뿐.
- 나는 생각보다 강하다.
- 어둠 뒤에는 반드시 빛이 온다.
- 버티는 것도 용기다.

현재 충실

- 지금 여기에 집중한다.
- 과거는 교훈, 미래는 계획, 삶은 지금이다.
- 오늘 하루를 산다.
- 지금 이 순간이 내 인생이다.
- 작은 것에 감사한다.
- 과정을 즐긴다.
- 매 순간을 온전히 경험한다.

- 오늘을 후회 없이 산다.
- 지금 이 자리에서 최선을 다한다.
- 평범한 일상이 소중하다.

자기주도성

- 내 인생의 주인공은 나다.
- 선택은 내가 한다.
- 나는 내 인생을 설계한다.
- 환경이 아닌 선택이 나를 만든다.
- 피해자가 아닌 창조자로 산다.
- 책임은 자유의 다른 이름이다.
- 주도적으로 움직인다.
- 변명보다 실행을 선택한다.
- 나는 내 선택의 결과를 받아들인다.
- 문제보다 해결책에 집중한다.
- 상황을 탓하는 대신, 내가 바꿀 수 있는 한 가지부터 시작한다.

균형과 여유

- 쉬는 것도 일이다.
- 속도보다 방향이 중요하다.
- 때로는 멈추는 것이 가장 빠른 길이다.
- 일과 삶의 균형을 지킨다.
- 번아웃되기 전에 쉰다.
- 나를 돌보는 것이 우선이다.
- 모든 것을 다 할 필요는 없다.
- 여유가 효율을 만든다.
- 천천히, 그러나 꾸준히.
- 서두르지 않아도 나는 내 자리에 도착한다.

긍정성과 희망

- 가능성을 믿는다.
- 좋은 일은 반드시 온다.
- 긍정은 선택이다.
- 희망을 놓지 않는다.

- 최악은 이미 지나갔다.
- 오늘보다 내일이 더 나을 것이다.
- 모든 경험에는 의미가 있다.
- 문제 속에 기회가 숨어 있다.
- 나쁜 일 다음엔 좋은 일이 온다.
- 믿음이 현실을 만든다.

본질 추구

- 중요한 것에 집중한다.
- 본질을 잃지 않는다.
- 결과보다 과정에서 의미를 찾는다.
- 소유보다 존재가 중요하다.
- 보이는 것보다 보이지 않는 것이 중요하다.
- 양보다 질을 추구한다.
- 넓이보다 깊이로 간다.
- 화려함보다 진실함을 선택한다.
- 성공보다 의미를 추구한다.

4. 자기확신 7일 플래너

자기확신은 하루아침에 완성되지 않지만, 그렇다고 몇 달을 할애할 일도 아니다. 집중적으로 일주일, 매일 30분에서 1시간씩 투자하면 자신의 이야기를 발견하고 자기확신을 완성할 수 있다. 분기별, 상하반기, 연말연초 등 자신만의 주기를 정해 점검하고, 변화하고, 나아가는 시간을 가져보자.

 ## 사건 수집
- 내 인생의 파편 모으기

1단계. 지금 이 작업을 시작하는 이유 세 가지 이상 기록하기

....
....
....
....

2단계. 지금 이 순간 떠오르는 기억을 최소 세 가지 이상 기록하기

....
....
....
....
....

3단계. 첫 느낌 적기

- 기록하면서 느낀 전반적인 감정은 무엇인가?

- 예상치 못하게 떠오른 기억은 무엇인가?

- 적기 어려웠던 부분은 무엇인가?

 ## 감정 탐색
– 내 마음의 색깔 찾기

1단계. 감정의 색 찾기

1일 차에 적은 사건들을 다시 적으며 감정을 색으로 표시한다. 긍정적인 감정은 파란색, 부정적인 감정은 빨간색, 복합적인 감정은 노란색으로 표시해보자.

2단계. 감정 단어로 구체화하기

부록 1의 감정 단어 사전을 참고하라.

3단계. 감정 패턴 발견하기

- 어떤 색이 가장 많은가, 가장 자주 느낀 감정 세 가지는 무엇인가?

- 예상 못 한 감정은 무엇인가?

4단계. 가장 강렬했던 감정 뽑기

- 가장 강렬하게 느꼈던 감정은 무엇인가?

- 그 감정을 느끼게 한 사건은 언제, 어떻게 발생했나?

- 그 감정은 시간이 지난 지금 어떻게 변화했고, 나를 움직였는가?

**욕구 파악
– 내가 진짜 원했던 것**

1단계. 욕구 충족 단계 파악하기

- 생리적 욕구(수면, 식사)

  ☐ 충족 ☐ 부분 충족 ☐ 미충족

- 안전의 욕구(직장, 주거)

  ☐ 충족 ☐ 부분 충족 ☐ 미충족

- 소속의 욕구(관계, 사랑)

  ☐ 충족 ☐ 부분 충족 ☐ 미충족

- 존중의 욕구(인정, 자존)

  ☐ 충족 ☐ 부분 충족 ☐ 미충족

- 자아실현 욕구(의미, 성장)

  ☐ 충족 ☐ 부분 충족 ☐ 미충족

지금 자신에게 가장 절실한 것은 어느 단계인가?

2단계. 욕구 축출하기

1, 2일 차에 적은 사건 중 세 개를 골라 왜 그 행동을 했고, 매슬로우 욕구 이론 중 어느 단계에 해당하는지 체크해보자.

- 사건
  이유
  욕구 단계
- 사건
  이유
  욕구 단계
- 사건
  이유
  욕구 단계

가장 많이 체크한 욕구는 무엇인가?

3단계. 표면 욕구 vs. 진짜 욕구

시간이 흐르면서 각 사건에 대한 감정, 욕구는 어떻게 변했는가?

- 과거에 가장 원했던 것

    지금 가장 원하는 것

- 과거에 가장 원했던 것

    지금 가장 원하는 것

- 과거에 가장 원했던 것

    지금 가장 원하는 것

패턴 발견
– 삶의 숨은 설계도 읽기

1단계. 패턴으로 분류하기

1~3일 차 사건들을 다시 보면서 아래 기준대로 분류한다.

- 패턴 A : 완벽하게 준비 → 실패 → 좌절
- 패턴 B : 즉흥적 시도 → 성공 → 기쁨
- 패턴 C : 외부 자극 → 자각 → 새로운 시도

기타 자신만의 패턴이 있는가?

2단계. 공백 찾기

어린 시절, 청소년기, 청년기, 성인기 중에서나 유달리 기록이 거의 없는 시기는 언제인가?

- 공백 시기

- 그 시기에는 무슨 일이 있었는지 천천히 떠올려 보자

의미 부여
– 내 이야기를 하나로 엮기

1단계. 터닝 포인트 선택하기

1~3일 차의 기록과 공백 시기까지 포함해, 자기 인생의 방향을 바꾼 결정적 사건 세 가지를 선택한다.

- **터닝 포인트 1.**

    사건

    시기

    Before/After

    의미

- **터닝 포인트 2.**

    사건

    시기

    Before/After

    의미

- **터닝 포인트 3.**

    사건 ....

    시기 ....

    Before/After ....

    의미 ....

2단계. 공통 주제 찾기

통제, 자유, 관계, 성장, 수용 등 사건의 의미를 관통하는 주제어 세 가지를 선택한다.

- ....
- ....
- ....

3단계. 핵심 가치 찾기

주제어를 바탕으로 자신이 소중히 여기는 가치 세 가지를 적어보자.

- ....
- ....
- ....

이 중 절대 포기할 수 없는 것은 무엇인가?

....
....
....
....

 **DAY 6** 한 줄 만들기
– 내 서사를 압축하다

1단계. 키워드 최종 정리

지난 5일간의 기록에서 가장 자주 등장한 단어들을 모은다.

- 감정 키워드
- 욕구 키워드
- 가치 키워드
- 패턴 키워드

이 중에서 가장 중요한 것 두 가지는 무엇인가?

2단계. 버리고 싶은 것 vs. 추구하고 싶은 것

_____ vs. _____

_____ vs. _____

_____ vs. _____

3단계. 한 문단 초안 만들기

지금까지의 작업을 바탕으로 내 인생을 한 문단으로 요약한다.

나는 _____ 한 경험들을 통해

_____ 를 배웠고,

_____ 한 사람이 되었다.

지금 나에게 가장 중요한 것은

_____ 이고,

앞으로는 _____

_____ 하며 살고 싶다.

4단계. 한 줄 초안 만들기

문단 내용 중 가장 남기고 싶은 부분에 집중해, 불필요한 단어를 제거하거나 더 정확한 단어로 교체하면서 한 문장으로 줄인다. 마음에 들 때까지 수정한다.

- 자기확신

실천 계획
– 한 줄을 살아 있게 하기

1단계. 자기확신 확정

- 최종 자기확신

_____

_____

2단계. WOOP 전략 세우기

- Wish(소망) : 내 한 줄대로 살고 싶다

  구체적으로 : _____

- Outcome(결과) : 그렇게 되면 예상되는 결과는?

  _____

- Obstacle(장애물) : 결과를 이루는 데 방해 요소는?

  _____

- Plan(계획) : 장애물을 만나면?

"만약 _____ 하면, 나는 _____ 한다"

3단계. 점검 날짜 정하기

- 점검 날짜 : _____ 년 _____ 월 _____ 일
- 확인할 것

    - 자기확신 한 줄이 여전히 유효한가?

    ....
    ....

    - 실제로 변한 것은 무엇인가?

    ....
    ....

    - 앞으로 자기확신을 수정하거나 새로 만들어야 하는가, 그 이유는 무엇인가?

    ....
    ....
    ....

참고자료

프롤로그

1 프리드리히 니체, 『차라투스트라는 이렇게 말했다』, 민음사.
2 McAdams, D. P. (1995). What do we know when we know a person?. Journal of personality, 63(3), 365-396.

1장. 시작_내 삶을 다시 쓰는 힘, 자기확신

1 무라카미 하루키, 『달리기를 말할 때 내가 하고 싶은 이야기』, 문학사상.
2 고요한 일상을 기록하는 사람들, '사일런트 브이로거'의 세계 / 엘르코리아, 2021.06.08.
3 Life doesn't have to be dramatic to be meaningful / The Guardian, 2014.07.10.
4 Steve Jobs, Commencement Address at Stanford University, June 12, 2005. (스탠퍼드대학교 졸업식 연설, 2005년 6월 12일)
5 McAdams, D. P., & McLean, K. C. (2013). Narrative Identity. Current Directions in Psychological Science, 22(3), 233-238.
6 Sprecher, S., & Hendrick, S. S. (2004). Self-disclosure in intimate relationships: Associations with individual and relationship characteristics over time. Journal of Social and Clinical Psychology, 23(6), 857-877.
7 Bartlett, F. C. (1995). Remembering: A study in experimental and social psychology. Cambridge university press.

8 코이케 류노스케, 『초역 부처의 말』, 포레스트북스.
9 장 폴 사르트르, 『실존주의는 휴머니즘이다』, 이학사.
10 문현, 이다예, 김소을, 박선웅 (2022). 심리적 웰빙에 대한 서사정체성의 증분타당도: McAdams 의 성격 3 수준 이론을 중심으로. 한국심리학회지: 사회및성격, 36(1), 1-24.
11 고다마 미쓰오, 『오타니 쇼헤이의 쇼타임』, 차선책.
12 박선웅, 『정체성의 심리학』, 21세기북스.

2장. 전환_확신의 토대를 세우는 마음의 기술

1 Oprah Winfrey, Commencement Address at Wellesley College, May 30, 1997. (웰즐리대학교 졸업식 연설, 1997년 5월 30일)
2 "I applied for Harvard 10 times but was rejected: Jack Ma" / The Indian Express, 2020.03.04.
3 "Taylor Swift and Pattie Boyd in Conversation" / Teen Vogue, 2018.08.09.
4 유튜브 채널 〈안녕하세요 최화정이에요〉 중에서
5 스티븐 코비, 『성공하는 사람들의 7가지 습관』, 김영사.
6 "Remembering Nelson Mandela: 'I never lose. I either win or learn.'" / Indianapolis Recorder, 2021.06.15.
7 Helen Keller Quotes on Optimism / American Foundation for the Blind.
8 Tim Ferriss Explains His Journaling Habit / Business Insider, 2015.09.22.
9 This 15-Year-Old Advice from Tim Ferriss Could Transform How You Take Notes / Medium, 2023.02.15.
10 윌 듀런트, 『철학 이야기』, 동서문화사.
11 McAdams, D. P., & Bowman, P. J. (2001). Narrating life's turning points: Redemption and contamination. In D. P. McAdams, R. Josselson, & A.

Lieblich (Eds.), Turns in the road: Narrative studies of lives in transition (pp. 3-34). American Psychological Association. https://doi.org/10.1037/10410-001

3장. 집중_흩어진 마음을 한 줄로, 자기확신 쓰는 법

1. 칼 구스타프 융, 『아이온: 자아의 현상학 연구』, 인간사랑.
2. C.S. 루이스, 『천국과 지옥의 이혼』, 홍성사.
3. 루키우스 안나이우스 세네카, 『세네카 삶의 지혜를 위한 편지』, 동서문화사.
4. 버지니아 울프, 『자기만의 방』, 열린책들.

4장. 변화_현실을 바꾸는 자기확신의 힘

1. Charlie Munger on the Power of Inversion Thinking / Mayo Oshin Blog, 2018.
2. 유발 하라리, 『21세기를 위한 21가지 제언』, 김영사
3. 이지연, 이승연 (2024). 대학생의 외적 속박감, 무망감, 자살사고의 관계: 현재향유 향유신념과 미래기대 향유신념의 조절된-조절된 매개효과. 한국심리학회지: 발달, 37(2), 67-82.
4. 유성경, 심혜원 (2005). 상담자 전문성 발달 수준에 따른 자기 대화 내용의 차이 분석. 한국심리학회지: 상담 및 심리치료, 17(4), 789-812.
5. 송정선, 김미점, 김장회 (2024). 자기대화(self-talk)의 국내 연구 동향. 재활심리연구, 30(4), 245-259.
6. 마르쿠스 아우렐리우스, 『명상록』, 문예출판사.
7. 엘리자베스 길버트, 『먹고 기도하고 사랑하라』, 민음사.

8   에크하르트 톨레, 『지금 이 순간을 살아라』, 나들목.
9   Taylor, S. E., & Brown, J. D. (1988). Illusion and well-being: a social psychological perspective on mental health. Psychological Bulletin, 103(2), 193-210.
10 Baumeister, R. F. (1989). The optimal margin of illusion. Journal of Social and Clinical Psychology, 8(2), 176-189.
11 Thomas Edison National Historical Park. "Edison Quotes." The Thomas Edison Papers.

자기확신
타인의 말에 쉽게 흔들리는 이를 위한 자기대화 심리학

초판 1쇄 발행 2025년 12월 11일

지은이 허용회
펴낸이 성의현
펴낸곳 미래의창

책임편집 이은규
디자인 강혜민
마케팅 권장규·정명진·이건효

등록 제2019-000291호
주소 서울시 마포구 잔다리로 62-1 미래의창빌딩(서교동 376-15, 5층)
전화 070-8693-1719 **팩스** 0507-0301-1585
홈페이지 www.miraebook.co.kr
ISBN 979-11-24073-03-2 (03100)

※ 책값은 뒤표지에 표기되어 있습니다.

생각이 글이 되고, 글이 책이 되는 놀라운 경험. 미래의창과 함께라면 가능합니다.
책을 통해 여러분의 생각과 아이디어를 더 많은 사람들과 공유하시기 바랍니다.
투고메일 togo@miraebook.co.kr (홈페이지와 블로그에서 양식을 다운로드하세요)
제휴 및 기타 문의 ask@miraebook.co.kr